Mein Kita-Lapbook

Die Jahreszeiten

Doreen Blumhagen

Vorlagen fürs kreative Portfolio

Verlag an der Ruhr

Titel
Mein Kita-Lapbook – Die Jahreszeiten
Vorlagen fürs kreative Portfolio

Autorin
Doreen Blumhagen

Titelbildmotiv
Doreen Blumhagen

Illustrationen
Farbige Rahmenelemente Schere, Klebstoffflasche, Stifte alle © Ekaterina –Fotolia.com

Illustrationen und Kapielicons
© Anja Boretzki soweit nicht anders angegeben

Fotos
Doreen Blumhagen

Bastelarbeiten
Doreen, Sophie und Vincent Blumhagen

Druck
AZ Druck und Datentechnik GmbH, Kempten, DE

Verlag an der Ruhr
Mülheim an der Ruhr
www.verlagruhr.de

Geeignet für Kinder von 3–6 Jahren

ISBN 978-3-8346-4086-4

Inhalt

Hinweise zum Einsatz des Kita-Lapbooks „Die Jahreszeiten“

Was ist ein Lapbook?

Lapbooks stammen aus dem amerikanischen Raum. Dort werden sie bereits seit vielen Jahren ab dem Kindergartenalter eingesetzt. Die Bezeichnung „Lapbook“ bedeutet, dass die Mappe nur so groß ist, dass sie auf dem Schoß (engl. *lap*) des Kindes Platz hat. Bei uns in Deutschland werden Lapbooks auch als Mini-, Klapp- oder Entdeckerbücher bezeichnet.

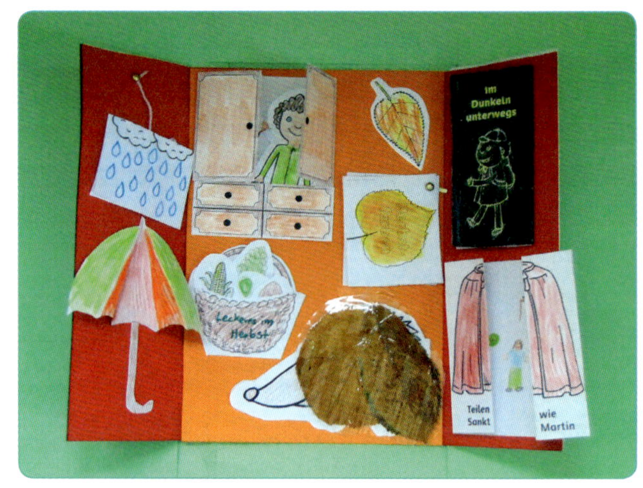

In einem Lapbook **dokumentieren** und **präsentieren** die Kinder ihre Lern- und Arbeitsergebnisse in einer **individuellen Entdeckermappe**. Diese mehrfach aufklappbare Mappe enthält viele verschiedene **Minibücher** mit Informationen zu einem Gesamtthema. Das Besondere daran ist, dass diese Minibücher z. B. zuerst aufgeklappt, gedreht oder durchgeblättert werden müssen, um die Informationen ansehen oder lesen zu können, wodurch die Neugier beim Betrachter geweckt wird. Solche Minibücher können z. B. kleine Hefte, Drehscheiben, Pop-up-Karten, Umschläge, Leporellos oder Faltbücher sein.

Die verschiedenen Minibücher werden von den Kindern **bastelnd**, **malend** und evtl. **schreibend** zu den Teilthemen gestaltet. Dabei kann es sich z. B. um Ausmalbilder, Nachspurübungen, Zuordnungsaufgaben, Malaufträge oder kleine Spiele handeln.

Die fertigen Minibücher werden von den Kindern gesammelt und in ihre Mappe geklebt. Auf diese Weise entsteht ein großes Buch mit vielen kleinen Büchern. Die Gestaltung eines Lapbooks ist immer **individuell**, sodass jedes einzelne zu einem Unikat wird.

Warum ist ein Lapbook ideal für die KITA geeignet?

Der Einsatz von Lapbooks in der pädagogischen Arbeit mit Kindern bietet viele Vorteile:

- Die Kinder kennen bereits Bücher mit Klappen zu verschiedenen Sachthemen aus ihrem Bücherregal. Sie mögen die Spannung, was sich unter den Klappen befindet, und schauen diese immer wieder gern an. Lapbooks greifen dieses interaktive Element auf. Für die Kinder ist es besonders motivierend, sich selbst ein einzigartiges und individuelles Entdeckerbuch zu gestalten.
- Lapbooks können Sie mit den Kindern zu jedem Thema des **Bildungsplans** gestalten.
- Lapbooks sind leicht herzustellen. Sobald ein Kind im Kindergartenalter mit Farbe und Stiften malen, mit der Schere ausschneiden und Papier falten kann, ist es in der Lage, mit etwas Hilfe ein eigenes Lapbook zu gestalten.
- Sie benötigen **wenig Material**. Bereits mit einem einzigen DIN-A3-Tonkarton und sechs bis acht Faltvorlagen können die Kinder ein tolles Ergebnis erreichen.

- Durch das Schneiden, Zeichnen, Falten, Malen, Nachspuren und Schreiben bei der Gestaltung der einzelnen Minibücher fördern Sie die **feinmotorischen Fähigkeiten** Ihrer Kinder.
- Bei der Gestaltung der Lapbooks können Sie ganz einfach differenzieren. Offene Aufgaben ermöglichen Ihnen, dass die Kinder auf ihrem **eigenen Leistungsniveau** arbeiten können. So können sie z. B. Inhalte aufkleben, malen und ggf. schon erste Wörter selbst schreiben.
- Durch die intensive inhaltliche sowie produktionsorientierte Auseinandersetzung mit einem Thema in einem Lapbook fördern Sie die **Sprachbildung** und den **Wortschatz** der Kinder. Gelernte Inhalte werden spielerisch wiederholt. Die Kinder sprechen zu den einzelnen Minibüchern und kontrollieren das Erinnerte durch das Öffnen der Bücher. Neben dem thematischen Wortschatz erlernen die Kinder auch Wörter, die beim Falten gebraucht werden. Die Begriffe Papier, Quadrat, Rechteck, Kreis, zur Mitte falten, zur Spitze falten, auffalten, einschneiden, ausschneiden, rechts, links, oben, unten usw. werden immer wieder verwendet und gehen durch die gleichzeitige Handlung in den Sprachschatz der Kinder ein.
- Lapbooks bieten den Kindern Möglichkeiten zum **kreativen Gestalten**. Nachdem die Kinder einige Minibücher kennengelernt haben, werden sie schnell beginnen, sich eigene „Versteckbücher" auszudenken und zu gestalten.
- Fertige Lapbooks werten das Ergebnis der einzelnen Kinder auf. Die Betrachter sehen nicht sofort, was sich in den Minibüchern des Lapbooks verbirgt. Sie sind gespannt, was es zu entdecken gibt. Sie müssen mehr tun als nur schauen. Sie müssen den Inhalt selbst entdecken und erfahren immer wieder **kleine Überraschungen**. Dabei tauschen die Kinder ihre Lapbooks sehr gern aus und bestaunen die Lapbooks ihrer Kindergartenfreunde. Das Lapbook kann ganz leicht in einer Prospekthülle aufbewahrt und im **Portfolio-Ordner** der Kinder eingeheftet werden.

Welche Themen beinhaltet das Kita-Lapbook „Die Jahreszeiten"?

In dieser Handreichung finden Sie **31 Minibücher** mit verschiedenen Schwerpunkten rund um das Thema **„Die Jahreszeiten"**. Um Ihnen die Auswahl der Schwerpunkte zu erleichtern, finden Sie auf den Materialien entsprechende Symbole:

Gestalten des Gesamtlapbooks

Angebote zu den 4 Jahreszeiten und zu den Monaten allgemein

Angebote zum Frühling

Angebote zum Sommer

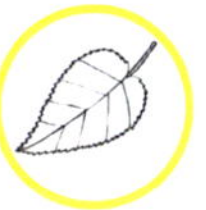
Angebote zum Herbst

Angebote zum Winter

Wie können Sie das Kita-Lapbook im Kindergartenjahr einsetzen?

Die Materialien dieses Bandes können Sie mit unterschiedlichen Schwerpunkten einsetzen.

- Die Kinder gestalten in einem Projekt ein Lapbook zum Jahr im Überblick (S. 11–14).

- Die Kinder gestalten ein Lapbook während des Frühlings, Sommers, Herbstes oder Winters zur aktuellen Jahreszeit (S. 15–26).

- Die Kinder gestalten ein umfangreiches Lapbook zu allen Jahreszeiten über ein oder mehrere Kindergartenjahre. Dafür finden Sie in den didaktischen Hinweisen **unterschiedliche Schwierigkeitsgrade** bei den Aufgabenstellungen: ★ für die Altersgruppe 3–4 Jahre und ★★ 5–6 Jahre. Dabei können auch die allgemeinen Vorlagen zu den Jahreszeiten einbezogen werden. Nachdem eine Jahreszeit bearbeitet und die Minibücher in den ersten Lapbook-Umschlag geklebt wurden, wird für die neue Jahreszeit ein weiterer Umschlag an den ersten geklebt.

Wie gestaltet sich die Lapbook-Arbeit?

Zu Beginn der Lapbook-Arbeit wird der Umschlag gestaltet und im Laufe der Erarbeitung werden immer wieder neue Minibücher eingeklebt.

Die Gestaltung der Minibücher kann ganz einfach in Ihre **übliche Kindergartenarbeit** integriert werden. Zunächst besprechen Sie mit den Kindern die thematischen Inhalte, experimentieren, singen, machen dazu verschiedene Wahrnehmungsübungen usw. Als **Ergebnissicherung** und zur Übung der Inhalte basteln, malen, kleben und beschreiben die Kinder ein Minibuch zum Thema. Die Aufgabenstellungen sind so gestaltet, dass die Kinder diese nach der Erklärung der Vorgehensweise **möglichst selbstständig** erledigen können.

Die Inhalte von bereits erarbeiteten Minibüchern werden durch den interaktiven Aspekt immer wieder **spielerisch wiederholt**.

Am Ende der Lapbook-Arbeit halten die Kinder eine individuelle und umfangreiche **Dokumentation** ihrer Ergebnisse in den Händen, die sie mit nach Hause nehmen, voller Stolz ihren Familien zeigen und gern als spätere Erinnerung aufbewahren können.

Wie können Sie den Lapbook-Umschlag mit den Kindern gestalten?

Bereits bei der Gestaltung des Lapbook-Umschlags können Sie mit Ihren Kindern kreativ werden. Mit wenig Material, wie farbigem Tonkarton und Kopierpapier, können Sie **individuelle Entdeckermappen** gestalten. Dabei wählen die Kinder die verwendeten Papierfarben passend zu den Jahreszeiten aus.

Die einfachste Variante ist die Grundfaltung, bei der Sie lediglich einen DIN-A3-Tonkarton und ein DIN-A4-Kopierpapier für jedes Kind benötigen. In einem Lapbook in Grundfaltung können die Kinder bereits etwa sechs bis acht Minibücher einkleben.

Sollten Sie mehr Minibücher gestalten wollen, können Sie ganz einfach ein weiteres Lapbook in Grundfaltung an einer Seitenklappe ankleben (s. Faltanleitung Grundfaltung S. 9).

Im Materialteil finden Sie außerdem Material zur Gestaltung der Titelseite, wie Namensschilder und Überschriften.

Durch ein Namensschild, Fotos und Bilder werden die Umschläge von den Kindern individuell gestaltet.

Für die Gestaltung der Titelseiten bieten sich verschiedene Techniken des Bastelns und Gestaltens an. Es kann z. B. gemalt, gefaltet, gedruckt und es können verschiedene Materialien aufgeklebt werden.

Tipps zur Gestaltung des Lapbook-Umschlags:

- Zusätzliche Klappen kleben Sie am besten mit Stoff- oder Papierklebeband an. Dieses ist flexibler als das übliche Folienklebeband und hält länger, da die Klappen sehr häufig geöffnet und wieder geschlossen werden.
- Achten Sie darauf, dass die Lapbooks immer auf DIN-A4-Größe zusammengefaltet werden können. Auf diese Weise können die Kinder sie ganz einfach in einer Prospekthülle aufbewahren und in den Portfolio-Ordner einheften.
- Durch mehrere Klappen oder Umschläge können Sie auch die einzelnen Jahreszeiten strukturieren und vorgeben, dass auf bestimmte Klappen z. B. nur Minibücher zu einer Jahreszeit geklebt werden sollen.
  Hinweis: Achten Sie darauf, dass sich die Titelseite beim Zusammenkleben ändert. Dies ist nun die Rückseite des ersten Umschlags.

Was ist bei den Minibüchern zu beachten?

Für ein „Jahreszeiten"-Lapbook stehen Ihnen 31 verschiedene Angebote für Minibücher zur Auswahl. Die Faltvorlagen kopieren Sie **vorab in Anzahl der Kinder**, die mitbasteln.

Die Aufgabenstellungen und Vorlagen sind so aufbereitet, dass sie von den Kindern (fast) alle selbstständig gestaltet werden können und sie nur wenig Hilfe benötigen.

Für die Gestaltung der Minibücher benötigen die Kinder immer **Kleber**, **Scheren** sowie **Bunt-** und **Schreibstifte**. Drehelemente oder Fächer werden mit **Musterklammern** befestigt. Hierfür benötigte Löcher ⊗ in den Minibüchern können mit einem **spitzen Bleistift**, einer **Prickelnadel** oder einem **Locher** gemacht werden. Dabei sollten Sie möglichst Hilfestellung leisten. Das Verbinden zu kleinen Büchern bewerkstelligen Sie mit einem **Heftgerät**. Für einzelne Vorlagen wird neben den Kopiervorlagen **Zusatzmaterial** benötigt, z. B. Fotos oder Prospekte zum Ausschneiden. Dieses wird in der folgenden **Gesamtübersicht der Angebote** aufgeführt (s. S. 10–26). Ebenfalls finden Sie Hinweise, falls Sie vor dem Einsatz des Minibuchs etwas vorbereiten müssen.

Folgende **Tipps** haben sich in der **Praxis** der Lapbookgestaltung bewährt:

- Bereits mit acht Vorlagen können sie ein einfaches Lapbook in Grundfaltung füllen.
- Als Faustregel für die Anzahl der Minibücher bietet es sich an, immer zwei Minibücher in die Seitenklappen und vier Minibücher in die Mitte zu kleben.
- Legen Sie dabei für sich selbst fest, ob Sie den Kindern vorgeben, wo sie die einzelnen Minibücher im Lapbook aufkleben, oder sie frei wählen lassen. Achten Sie jedoch bei beiden Varianten darauf, dass Minibücher nicht mittig, sondern immer so befestigt werden, dass noch weitere Minibücher dazugeklebt werden können.
- Um die Minibücher stabiler zu machen, bietet es sich an, die Kopiervorlagen auf dickeres Papier (mind. 200g/m^2) zu kopieren. Klären Sie vorab, welche Papierstärke Ihr Kopierer verarbeiten kann.
- Minibücher, die noch nicht fertig gestaltet wurden, werden einfach in der Prospekthülle zusammen mit dem Lapbookumschlag aufbewahrt.
- Da viele Kinder diese Methode noch nicht kennen, dient ein fertig gebasteltes Lapbook als Einstimmung in die Lapbookarbeit. In diesem können sie stöbern und Inhalte entdecken. Gleichzeitig werden sie dabei mit den Inhalten der Themen vertraut gemacht.
- Um den Kindern während der Gestaltung das Falten der Minibücher zu erleichtern, ist es notwendig, dass Sie die ausgewählten Minibücher alle vorbasteln und diese als Muster zeigen. Dabei sollten Sie jedoch das Inhaltliche und die Gestaltung frei lassen, sodass die Kinder selbst aktiv und kreativ arbeiten können, ohne Ihr Beispiel nachzuahmen.
- Lassen Sie die Kinder die Schneidelinien vor dem Ausschneiden mit dem Zeigefinger langsam nachfahren. Bei Kindern, die Schwierigkeiten haben, die Ausschneidelinie zu erkennen, ist es möglich, diese mit einem farbigen Buntstift vorher nachzufahren.
- Falten Sie die Minibücher mit den Kindern gemeinsam und Schritt für Schritt. Sprechen Sie dazu die einzelnen Handlungsschritte immer wieder mit dem gleichen Wortschatz vor. Dabei führen sie diese ebenfalls mit einer Vorlage aus. Die Kinder beobachten Sie dabei und machen es Ihnen anschließend nach.

Grundfaltung für ein Lapook

Einfache Grundfaltung für ein Lapbook

Material pro Kind ➜ 1 farbiger DIN-A3-Tonkarton, 1 farbiges DIN-A4-Kopierpapier
Weiteres Verbrauchsmaterial ➜ Klebeband, Tonkartonreste, Kleber
Arbeitsmittel ➜ Schere

① DIN-A3-Tonkarton zur Mitte falten

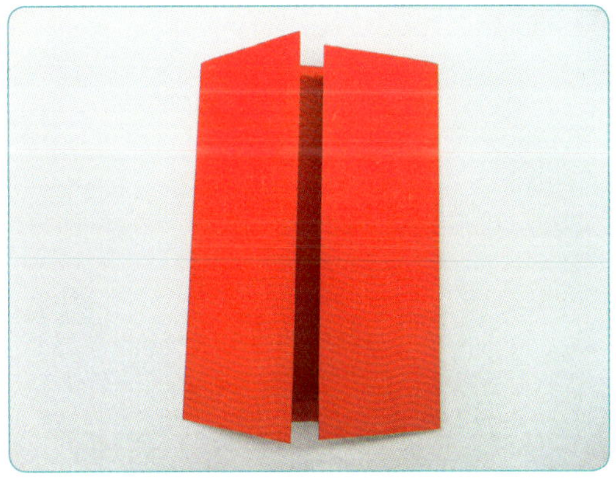

② wieder öffnen und beide Seiten zur Mitte falten

③ DIN-A4-Kopierpapier in die Mitte kleben

④ bei Bedarf weitere Klappen mit Klebeband (z. B. Malerkrepp) ankleben

Mehrere Lapbooks in Grundfaltung können auch zusammengeklebt werden. Strukturieren Sie damit den Ablauf der Jahreszeiten für die Kinder (z. B. für jede Jahreszeit eine Seite). Außerdem können für jede Jahreszeit die typischen Farben gewählt werden und die Symbole der Jahreszeiten (S. 27) als Überschriften aufgeklebt werden.

Faltvorlagen im Überblick

Legende zu den Faltvorlagen

	Schneidelinie		Klebefläche
	Faltlinie	KV	Kopiervorlage
	Info		Tipp
	Loch für Musterklammern	★ 3–4 Jahre	★★ 5–6 Jahre

Gestalten des Lapbook-Umschlags

Jahreszeiten-Lapbook (S. 27)

Ziel Titelseite zum Thema „Jahreszeiten" gestalten

Material **KV** „Die Jahreszeiten"

Gestaltung ★ Die Kinder malen die Vorlagen aus und kleben diese auf ihren Umschlag. Die Buchstaben können sie ausmalen oder nachspuren.

★★ Die Kinder wählen die Überschrift und gestalten den Umschlag selbst.

Faltanleitung für ein Lapbook mit einem Umschlag

→ Vorlagen ausschneiden

→ auf eine der Klappen der Titelseite kleben oder oben am Lapbook eine weitere Klappe anbringen, die man über die beiden Seitenklappen faltet

Faltanleitung für ein Lapbook mit mehreren Umschlägen

→ Vorlagen ausschneiden

→ auf die Rückseite des ersten Umschlags kleben

Die Abbildungen für die einzelnen Jahreszeiten dienen als Icons. Diese werden in den Angeboten aufgegriffen, dienen als Erkennungszeichen für die Kinder und erleichtern das Arbeiten. Sprechen Sie mit den Kindern über die Bedeutung der Symbole.

Namensschilder (S. 28)

Ziel Lapbook-Umschlag mit Namen des Kindes beschriften

Material **KV** „Namensschilder"

Vorbereitung Jedes Kind wählt ein Namensschild aus.

Gestaltung Die Kinder malen ihr Namensschild aus und beschriften es nach Möglichkeit mit ihrem Namen. Hierbei müssen Sie ggf. helfen.

Faltanleitung

→ Vorlagen ausschneiden

→ auf Titelseite des Lapbooks kleben

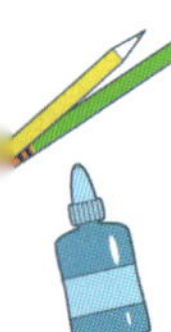

Frühling, Sommer, Herbst und Winter (S. 29)

Ziel Titelseite zu einer Jahreszeit gestalten oder ein Lapbook zu allen Jahreszeiten strukturieren

Material **KV** „Frühling, Sommer, Herbst und Winter"

Gestaltung Die Kinder malen die Überschrift aus und kleben diese auf ihren Umschlag. Die Buchstaben können sie ausmalen oder nachpuren.

Faltanleitung für ein Lapbook zu einer Jahreszeit

→ Vorlage ausschneiden

→ auf eine der Klappen der Titelseite kleben oder oben am Lapbook eine weitere Klappe anbringen, die man über die beiden Seitenklappen faltet

Faltanleitung für ein Lapbook zu allen Jahreszeiten

→ alle Vorlagen ausschneiden

→ 4 Umschläge in Grundfaltung zusammenkleben (s. S. 9)

→ Überschriften jeweils in einen Umschlag kleben (Reihenfolge beachten!)

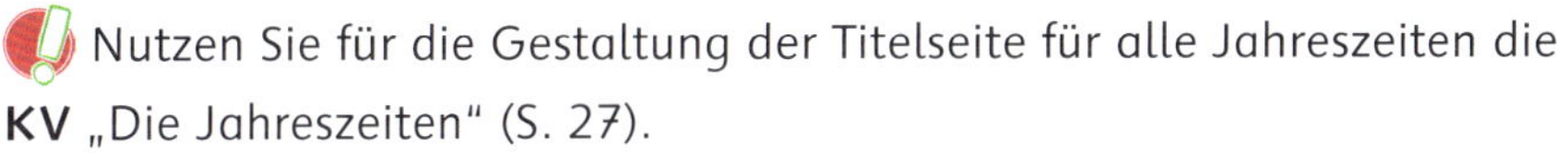

Nutzen Sie für die Gestaltung der Titelseite für alle Jahreszeiten die **KV** „Die Jahreszeiten" (S. 27).

Die Jahreszeiten

Die Jahresuhr (S. 30/31)

Ziel Reihenfolge der Jahreszeiten bzw. der Monate kennenlernen und diesen typische Merkmale zuordnen

Material **KV** „Die Jahresuhr" (1/2) und (2/2), Musterklammern

Gestaltung ★ Die Kinder malen die Felder der Jahresuhr (S. 31) aus. Anschließend ordnen sie die passenden Symbole von S. 31 den Jahreszeiten zu und kleben sie auf.

★★ Die Kinder malen die Monate der Jahreszeiten (S. 30) aus. Anschließend ordnen sie jedem Monat ein Symbol (S. 31) zu und kleben dieses auf.

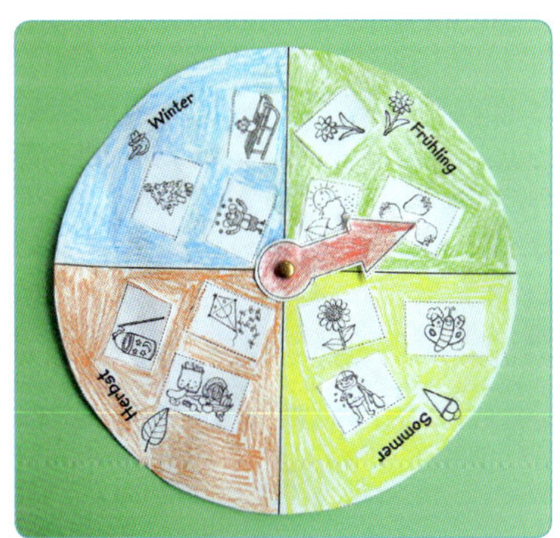

Faltanleitung

→ Vorlagen ausschneiden, Pfeil für mehr Stabilität auf Karton kleben

→ schwarzen Punkt auf Pfeil und Jahresuhr mit einem spitzen Stift oder einer Prickelnadel vorsichtig durchstechen (Hilfestellung nötig!)

→ Pfeil und Jahresuhr mit einer Musterklammer verbinden

→ Jahresuhr mit der Rückseite auf das Lapbook kleben

Setzen Sie die gebastelten Jahresuhren der Kinder immer wieder ein. Die Kinder sollen die aktuelle Jahreszeit bzw. den aktuellen Monat darauf einstellen und benennen.

Das Jahr eines Baumes (S. 32)

Ziel Veränderungen eines Baumes im Verlauf des Jahres darstellen
Material **KV** „Das Jahr eines Baumes", Tonpapier in Weiß, Hellrosa, Hellgrün, Mittelgrün, Rot, Orange, Gelb und Braun, Watte
Vorbereitung ★ Vorlage auf DIN A3 kopieren
Gestaltung ★ Die Kinder malen den Stamm braun aus. Das farbige Papier wird in kleine Stücke gerissen und entsprechend der Jahreszeiten auf die Baumkronen geklebt (Vorschläge s. Infokasten). Für den Winter werden weiße Schnipsel oder Watte aufgeklebt.
★★ Die Kinder malen die Veränderungen auf die Baumvorlage.
Nach dem Gestalten der Seiten sortieren die Kinder die Bäume in der Reihenfolge der Jahreszeiten.

Faltanleitung
→ Vorlagen ausschneiden, gestalten und jeweils in der Mitte falten
→ Vorlagen gefaltet aneinanderkleben: linke Seite des Sommers an rechte Seite des Frühlings, linke Seite des Herbstes an rechte Seite des Sommers, linke Seite des
Winters an rechte Seite des Herbstes
→ mit linker Rückseite des Frühlings und rechter Rückseite des Winters in das Lapbook kleben

Frühling: hellgrüne Blätter und rosa bzw. weiße Blüten
Sommer: mittelgrüne Blätter und rote, orange, gelbe Früchte (Kirsche, Pfirsich, Apfel)
Herbst: orange, rote, braune und gelbe Blätter
Winter: Äste mit weißem Schnee bedeckt

Was gehört zum Frühling/Sommer/Herbst/ Winter? (S. 33/34)

Ziel bestimmte Tätigkeiten den verschiedenen Jahreszeiten zuordnen
Material **KV** „Was gehört zum …?" (1/2) und (2/2)
Gestaltung ★ Die Kinder sortieren die Karten in die passenden Jahreszeitentaschen ein.
★★ Die Kinder malen zusätzlich eigene Tätigkeiten zu den Jahreszeiten in die leeren Felder.

Faltanleitung Taschen
→ Vorlagen ausschneiden und die Klebeflächen nach hinten falten
→ Klebeflächen auf das Lapbook kleben

Hinweis: Alle vier Taschen passen untereinander in eine Seitenklappe.

Faltanleitung Karten
→ Vorlagen ausschneiden
→ in Taschen einsortieren und aufbewahren

Das mag ich am … (S. 35)

Ziel eigene Vorlieben in den einzelnen Jahreszeiten äußern

Material **KV** „Das mag ich am …"

Gestaltung ★ Die Kinder malen bzw. die Erzieherin schreibt die Vorlieben der Kinder auf die Rückseiten der Herzen. Alternativ können sich die Kinder auch Bilder aus der Vorlage „Was gehört zum Frühling/Sommer/Herbst/Winter" (S. 34) aussuchen.

★★ Die Kinder malen oder schreiben bereits einzelne Ganzwörter zu den Vorlieben auf die Rückseite der Herzen.

Faltanleitung

→ Vorlagen ausschneiden

→ Klebefläche nach hinten falten

→ Minibuch nur mit der schmalen Klebefläche auf das Lapbook kleben

Was ziehe ich an? (S. 36/37)

Ziel passende Kleidungsstücke zur Jahreszeit benennen, malen und auswählen

Material **KV** „Was ziehe ich an?" (S. 36), **KV** „Anziehpuppen" (S. 37), evtl. Tonkarton, Filzstifte

Vorbereitung Vorlagen auf dickes Papier oder Tonkarton kleben

Gestaltung Die Kinder gestalten den Schrank in der Farbe ihrer Wahl. Darin können sie später ihre Anziehpuppen aufbewahren.

★ Die Kinder malen mit Filzstiften ihrer Anziehpuppe passende Kleidung zur Jahreszeit und schneiden dann die „angezogene" Puppe aus.

★★ Die Kinder gestalten für ihre Anziehpuppe Outfits zum Wechseln. Dazu malen sie Kleidung auf die Anziehvorlagen und schneiden die Vorlagen aus. Stellen „ohne" Kleidung können abgeschnitten werden.

Faltanleitung Schrank

→ Vorlage ausschneiden

→ beide Schranktüren zur Mitte falten

→ Schubladenkasten nach oben falten

→ Klebeflächen nach hinten falten und auf der Rückseite des Schrankes festkleben

→ mit der Rückseite des Schrankes in das Lapbook kleben

Faltanleitung Anziehpuppen

→ Vorlagen erst anmalen und dann ausschneiden

→ Puppe und ggf. Kleidungsstücke in den Schubladen aufbewahren

→ Die Kinder kleben in die Mitte des Schrankes ein Foto (ca. 9 x 8 cm), auf dem sie mit zur Jahreszeit passender Kleidung abgebildet sind.

→ Sie können alternativ eigene Kleidung „entwerfen", diese ausschneiden, ggf. mit Umklappkanten versehen und damit ihre Puppen anziehen, indem sie die Umklappkanten an der Puppe nach hinten falten.

Mit allen Sinnen (S. 38)

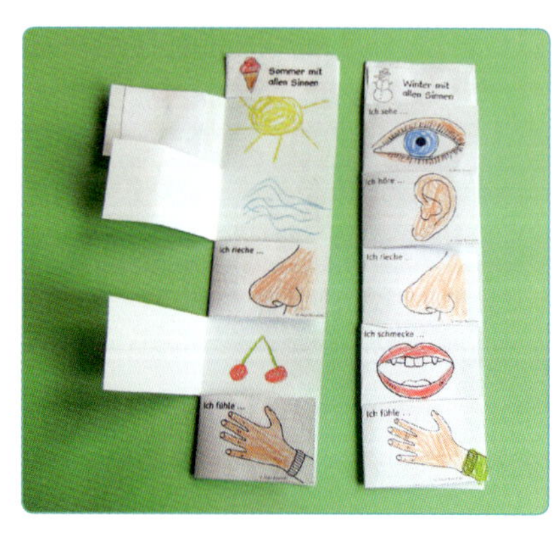

Ziel eine Jahreszeit durch Sehen, Hören, Schmecken, Riechen und Fühlen wahrnehmen

Material **KV** „Mit allen Sinnen", ggf. alte Zeitschriften und Kataloge

Vorbereitung ggf. vor dem Kopieren die Schilder für die anderen Jahreszeiten abdecken oder das passende Schild bereits auf eine Kopie kleben; Kataloge, Prospekte und Zeitschriften sammeln

Gestaltung ★ Die Kinder schneiden aus Zeitschriften, Katalogen etc. passende Bilder aus und kleben sie auf die Rückseiten der Klappen.

★★ Die Kinder malen zu jedem Sinn ein passendes Bild zur Jahreszeit unter die Klappe.

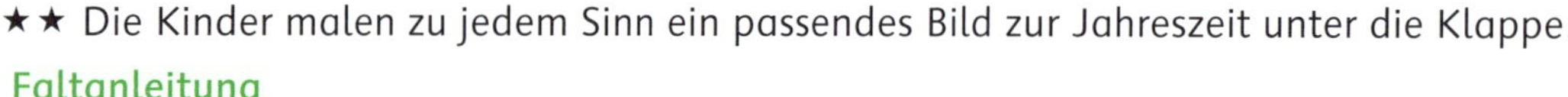

Faltanleitung

→ Vorlagen ausschneiden und in der Mitte falten

→ kleine Klappen einschneiden

→ Jahreszeitenschild aufkleben

Es empfiehlt sich, mit den Kindern zuvor eine Fantasiereise zur jeweiligen Jahreszeit durchzuführen und damit die Sinne zu stimulieren.

Wie ist das Wetter heute? (S. 39)

Ziel verschiedene Wettererscheinungen in den einzelnen Jahreszeiten wahrnehmen, einschätzen und benennen

Material **KV** „Wie ist das Wetter heute?", Briefumschläge, Wettersymbole: Eisstiele oder Pappstreifen (ca. 2 x 8 cm), Thermometer: Büroklammern oder kleine Deko-Holzklammern

Gestaltung ★ Die Kinder malen die Wettersymbole aus.

★★ Die Kinder basteln zusätzlich ein Thermometer (s. **KV**), auf dem sie die aktuelle Temperatur einschätzen können. Dazu malen sie die Temperatureinteilungen auf dem Thermometer wie folgt aus: kalt (weiß), kühl (blau), warm (orange), heiß (rot).

Faltanleitung Wettersymbole

→ Wettersymbole ausschneiden

→ an der Rückseite der Wettersymbole Eisstiele oder Pappstreifen befestigen

→ zum Aufbewahren einen Briefumschlag in das Lapbook kleben

Faltanleitung Thermometer

→ Vorlage ausschneiden und beide Klebeflächen nach hinten falten

→ mit den Klebeflächen in das Lapbook kleben

→ kleine Holz- oder Büroklammer zum Einstellen der Temperatur anbringen

Nutzen Sie die Materialien regelmäßig, um von den Kindern das Wetter einschätzen zu lassen. Die Kinder halten dazu das passende Wettersymbol hoch und stellen mit der Klammer am Thermometer die Temperatur ein.

Im Frühling

Frühlingsboten (S. 40/41)

Ziel Frühlingszeichen kennenlernen
Material **KV** „Frühlingsboten" (1/2) und (2/2), evtl. Fotos von einem Frühlingsspaziergang
Vorbereitung evtl. Frühlingspaziergang
Gestaltung ★ Die Kinder erkennen Paare von Frühlingszeichen und malen diese mit den gleichen Farben aus. Die Kinder spielen Memo mit den Karten. Dabei erzählen sie immer zu den Frühlingszeichen.
★★ Die Kinder entwerfen und gestalten zusätzliche Memokarten.

Faltanleitung Tasche

→ Tasche ausschneiden
→ Klappe mit „Frühlingsboten" zur Mitte falten
→ kleine Klebeflächen nach hinten falten und festkleben
→ Titelseite mit Lupe darüberfalten
→ mit großer Klebefläche in das Lapbook kleben

Faltanleitung Memo-Karten

→ Karten ausschneiden und in der Tasche aufbewahren

Gehen Sie mit den Kindern bei einem Spaziergang auf die Suche nach dem Frühling. Machen Sie Fotos von den gefundenen „Frühlingszeichen". Diese Fotos können ausgedruckt (8 x 6 cm) in der Tasche aufbewahrt werden.

Frühblüher (S. 42)

Ziel Namen und Farben verschiedener Frühblüher benennen
Material **KV** „Frühblüher", farbige Fotos von Frühblühern oder echte Frühblüher im Topf, Heftgerät
Vorbereitung farbige Bilder von Frühblühern sammeln oder Topfblumen kaufen
Gestaltung ★ Blumenarten auf Tulpe, Narzisse und Gänseblümchen begrenzen und Vorlagen vergrößern. Dazu einmal kopieren, Krokus und Hyazinthe abschneiden und Vorlage auf DIN A4 vergrößern.
★★ Die Vorlage normal kopieren. Die Kinder malen die Blumen in den passenden Farben aus.

Faltanleitung

→ Vorlagen ausschneiden
→ Seiten aufeinanderlegen, die Titelseite liegt oben
→ Seiten mit einem Heftgerät zusammenheften
→ mit der Rückseite der letzten Seite in das Lapbook kleben

Das Jahr der Tulpe (S. 43)

Ziel verschiedene Wachstumsstadien der Tulpe kennenlernen

Material **KV** „Das Jahr der Tulpe", 1 Tulpenzwiebel, evtl. Pfeifenputzer oder grüne Tonpapierstreifen

Gestaltung ★ Jüngere Kinder lernen die Tulpe bei den Frühblühern kennen (s. S. 15). Belassen Sie es dabei, wenn Sie meinen, dass die Wachstumsstadien noch zu schwierig für die kleineren Kinder sind.

★★ Die Kinder sortieren den Ablauf der Wachstumsstationen der Tulpe in der richtigen Reihenfolge und kleben diese aneinander. Sie malen die Titelseite aus.

Faltanleitung

→ Vorlagen ausschneiden

→ alle Tulpenblüten in der Mitte falten

→ an die rechte Rückseite der Titelseite („Das Jahr der Tulpe") die linke Rückseite der ersten Station kleben. An deren rechte Rückseite wiederum die linke Seite der zweiten Station kleben usw.

→ mit linker Rückseite der Titelseite und mit der rechten Rückseite der fünften Station in das Lapbook kleben

grünen Pfeifenputzer oder Tonpapierstreifen als Stiel ankleben

Wachstumsstadien der Tulpe:

1. Im Winter ruht die Zwiebel in der Erde.
2. Ein Trieb wächst aus der Zwiebel und stößt durch die Erde.
3. Es bilden sich Stängel, Knospen und die Blüte.
4. Die Tulpe verbraucht durch das Wachsen alle Nährstoffe in der Zwiebel und verwelkt.
5. Die Zwiebel sammelt wieder Nährstoffe für das nächste Jahr.

Mein Osterei (S. 44)

Ziel Muster gestalten bzw. Musterreihen fortsetzen

Material **KV** „Mein Osterei", Fingermalfarben, Buntstifte, Wäscheklammern, verschieden große Pompons oder Filzkugeln, evtl. Osteraufkleber

Vorbereitung ★ Vorlage auf dickes Papier kopieren, je einen Pompon an eine Wäscheklammer klammern

Gestaltung ★ Obere Vorlage: Die Kinder malen die Titelseite aus. Anschließend betupfen sie die Rückseite mit den Wäscheklammern-Stempeln in bunten Farben.

★★ Untere Vorlage: Die Kinder spuren das Muster farbig nach. Dann setzen sie es fort. Die Titelseite (die Seite, die nach dem Einkleben oben ist) kann mit Osteraufklebern beklebt oder mit Ostermotiven bemalt werden.

Faltanleitung

→ Vorlage ausschneiden und in der Mitte falten

→ ★ mit der Klebefläche in das Lapbook kleben

→ ★★ mit einer der Außenseiten in das Lapbook kleben

Muttertag (S. 45)

Ziel Mutter als wichtige Bezugsperson wahrnehmen

Material **KV** „Muttertag"

Vorbereitung ★ Muttertagsgedicht dichten oder eines heraussuchen und zum Aufkleben vorbereiten

Gestaltung ★ Variante 1: Die Kinder lernen ein Muttertagsgedicht und kleben dieses in ihr Herz ein.

Variante 2: Die Kinder kleben ein Foto von ihrer Mutter ein.

★★ Die Kinder spuren „Mama" als Ganzwort nach. Sie malen ein Bild ihrer Mama in eines der Herzen.

Variante 3: Die Kinder malen in die Herzen, wofür sie ihrer Mama danken.

Variante 4: Die Kinder malen ihr schönstes Erlebnis mit ihrer Mama.

Faltanleitung

→ Vorlage ausschneiden
→ leeres Herz nach außen falten
→ Herz mit „Meine Mama" darüberfalten
→ mit Klebefläche auf Lapbook kleben

Marienkäfer (S. 46)

Ziel Marienkäfer als Frühlingsboten kennenlernen

Material **KV** „Marienkäfer", Musterklammern, Buntstifte, ggf. Finger- oder Stempelfarbe, rotes Kopierpapier

Vorbereitung Lied „Sonnenkäfer" mit den Kindern einüben,

★ ein Flügelpaar abdecken und Vorlage auf rotes Papier kopieren

Gestaltung ★ Die Kinder stempeln schwarze Punkte mit ihren Fingern auf die roten Deckflügel des Marienkäfers.

★★ Die Kinder malen die Deckflügel des Marienkäfers rot an. Anschließend malen sie die schwarzen Punkte auf die Flügel. Die Hautflügel können frei gestaltet werden.

Faltanleitung

→ Vorlagen ausschneiden
→ schwarze Punkte auf den Flügeln lochen und auf dem Körper durchstechen
→ ★ rechts und links je einen Flügel als Deckflügel auf den Körper des Käfers legen und mit einer Musterklammer verbinden
→ ★★ rechts und links je zwei Flügel als Deck-und Hautflügel auf den Käferkörper legen und mit einer Musterklammer verbinden
→ mit der Rückseite in das Lapbook kleben

ℹ Marienkäfer haben vier Flügel. Die zwei Hautflügel befinden sich unter den gepunkteten roten Deckflügeln. Die dünnen Hautflügel dienen zum Fliegen. Die Deckflügel schützen die Hautflügel, wenn der Käfer nicht fliegt.

Im Sommer

Sonnenblume (S. 47)

Ziel Sonnenblume als typische Sommerblume kennenlernen, verschiedene Blumenteile benennen, Pinzettengriff trainieren
Material **KV** „Sonnenblume", gelbes und grünes Tonpapier, Sonnenblume (echt oder Bild) ★ braunes Krepp- oder Seidenpapier ★★ grünes Tonpapier, Sonnenblumenkerne, flüssiger Bastelkleber, Klebeband, je Kind ein grüner Trinkhalm, weiße Wolle
Vorbereitung Blütenvorlage auf gelbes Kopierpapier kopieren
★ braunes Krepp- oder Seidenpapier in kleine Schnipsel reißen oder schneiden
★★ Blätter- und Stielvorlagen auf grünes Papier kopieren.
Gestaltung ★ Die Kinder leimen die Mitte der Blüte stark mit Klebestift ein. Sie formen aus den Papierschnipseln kleine Kugeln und kleben sie als „Sonnenblumenkerne" dort ein.
★★ Die Kinder bestreichen die Mitte der Blüte mit Flüssigkleber und kleben echte Sonnenblumenkerne darauf. Als Stiel wird mit Klebeband ein grüner Trinkhalm oder ein grüner Papierstreifen unter die Blüte geklebt. Daran werden die Blätter und kurze weiße Wollfäden als Wurzeln geklebt.
Faltanleitung
→ Vorlagen ausschneiden
→ alle Blütenblätter zur Mitte falten
→ Klebefläche auf das Lapbook kleben

Obst und Gemüse (S. 48)

Ziel Obst und Gemüse der Sommermonate kennen, nach den Oberbegriffen „Obst" und „Gemüse" ordnen
Material **KV** „Obst und Gemüse", Werbeprospekte
Gestaltung ★ Die Kinder malen die Obst- und Gemüsesorten an. Sie schneiden die Bilder aus, ordnen sie zu und kleben sie in das passende Minibuch.
★★ Sie können den Schwierigkeitsgrad variieren, indem die Kinder Obst und Gemüse aus Prospekten ausschneiden oder es selbst malen.
Faltanleitung
→ beide Vorlagen ausschneiden
→ erst große Klappe nach innen, dann kleine Klappe darüberfalten
→ mit der Klebefläche in das Lapbook kleben

Sommerurlaub (S. 49)

Ziel über den Sommerurlaub erzählen
Material **KV** „Sommerurlaub"
Vorbereitung evtl. Fotos vom Sommerurlaub mitbringen lassen, Postkarten der Kinder aufheben
Gestaltung Schreiben Sie den/die Urlaubsort/e des Kindes in die leeren Aufkleber auf dem Koffer.
★ Die Kinder bringen ein Urlaubsfoto mit und kleben dies in den Koffer. Geschickte Urlaubskarten der Kinder können alternativ zum Foto mit Klebeband eingeklebt werden (damit die Rückseite noch lesbar ist).
★★ Die Kinder malen ein Bild über ihr schönstes Urlaubserlebnis in den Koffer.
Faltanleitung
→ Vorlage ausschneiden
→ in der Mitte falten
→ mit der Klebefläche in das Lapbook kleben

Sonnenschutz (S. 50)

Ziel richtiges Verhalten zum Schutz der Haut in der Sommersonne kennen
Material **KV** „Sonnenschutz", Musterklammern
Gestaltung ★ Die Kinder markieren mit Rot, welche Verhaltensweisen und Gegenstände keinen Sonnenschutz darstellen. Mit Grün wird angemessener Sonnenschutz markiert.
★★ Sprechen Sie mit den Kindern zusätzlich darüber, was man noch machen kann, um sich gut vor der Sonne zu schützen, z. B. wie man sich richtig eincremt, dass man viel trinkt etc.
Faltanleitung
→ Vorlagen ausschneiden
→ den Kreis mit Ausschnitt mittig auf den Kreis mit der Sonne legen
→ die Markierungen mit einem spitzen Stift vorsichtig durchstechen (Hilfestellung nötig!)
→ beide Kreise mit einer Musterklammer verbinden
→ den Sonnenkreis mit der Rückseite auf das Lapbook kleben

ℹ Die Haut der Kinder reagiert sehr empfindlich auf UV-Strahlung. Mit jedem Sonnenbrand steigt die Gefahr, später an Hautkrebs zu erkranken. Es ist wichtig, den Kindern frühzeitig einen bewussten Umgang mit der Sonne nahezubringen und Möglichkeiten zum Sonnenschutz zu zeigen. Diese sind: Sonnenbrille, Sonnenhut, Eincremen mit Sonnencreme, Sonnenschirm etc.

Bienenflug (S. 51)

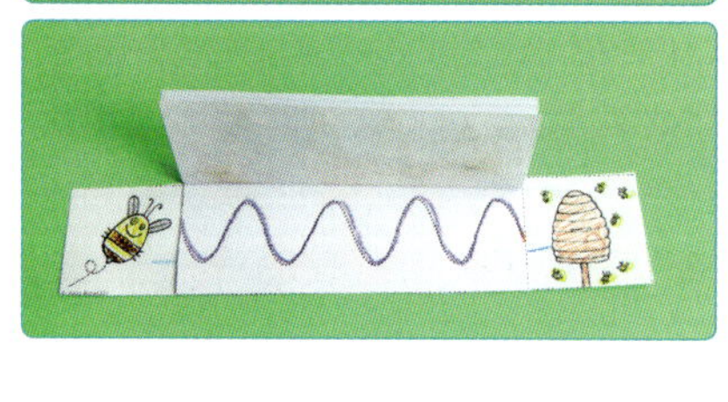

Ziel Biene als Nutztier kennenlernen, Trainieren der Feinmotorik
Material **KV** „Bienenflug“, farbige Abbildung einer Biene
Vorbereitung ★★ die jeweils rechte Hälfte der Linienfelder beim Kopieren abdecken
Gestaltung Die Kinder malen die Biene aus. Auf der Seite mit der Biene denken sie sich selbst eine Fluglinie aus und malen sie hinein.
★ Die Kinder spuren die vorgegebenen Linien nach.
★★ Die Kinder zeichnen die vorgegebenen Linien weiter.

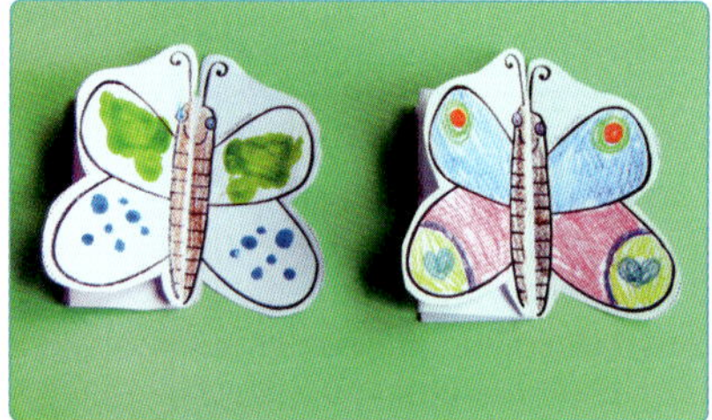

Faltanleitung
→ Vorlagen ausschneiden
→ kleine Seiten mittig auf die Vorlage mit Biene und Bienenstock legen
→ mit dem Heftgerät zusammenheften (Hilfestellung nötig!)
→ mit der Rückseite in das Lapbook kleben

Vorlagen vor dem Ausschneiden bzw. Zusammenheften nachspuren lassen

Vom Ei zum Schmetterling (S. 52)

Ziel Entwicklung des Schmetterlings vom Ei zum Schmetterling kennenlernen
Material **KV** „Vom Ei zum Schmetterling“, ★ Fingermalfarben
Gestaltung ★ Die Kinder bringen die Entwicklungsstadien des Schmetterlings in die richtige Reihenfolge und kleben diese in das Schmetterlingsleporello. Sie malen die Bilder mit passenden Farben aus. Zur Gestaltung des Schmetterlings tupfen sie mit Fingermalfarben auf den linken Flügel. Dieser wird auf den rechten Flügel abgedruckt.
★★ Die Kinder malen die Entwicklungsstufen des Schmetterlings in das Leporello. Dazu sollten Sie vorher die Bilder zeigen, erklären und sortieren lassen. Die Kinder malen symmetrische Muster nach ihrem Geschmack in die Schmetterlingsflügel.
Faltanleitung
→ Vorlage ausschneiden
→ den Schmetterling wie bei einem Leporello an den Faltlinien abwechselnd nach vorn und zurück falten (Die Schmetterlingsflügel müssen am Schluss beieinanderstehen.)
→ den Schmetterling mit der Rückseite des rechten Flügels auf das Lapbook kleben

Nach der Paarung legen die Schmetterlingsweibchen ihre Eier an einer ganz bestimmten Pflanze ab. Aus den Eiern entwickeln sich kleine Raupen. Diese fressen die Blätter der Futterpflanzen. Dabei wachsen sie und häuten sich mehrfach. Nach der letzten Häutung hängen sie sich mit einem Seidenfaden an ein Blatt und spinnen sich ein. Es bildet sich eine Puppe mit einer festen Hülle. In der Puppe verwandelt sich die Raupe vollständig. Ein neuer Schmetterling entsteht.

Im Herbst

Herbstfarben (S. 53)

Ziel typische Herbstfarben der Blätter und verschiedene Blattarten kennenlernen

Material **KV** „Herbstfarben", Locher, Musterklammern, evtl. gesammelte Blätter zum Betrachten, evtl. Fingerfarben

Gestaltung ★ Die Kinder malen jedes Blatt in einer anderen Herbstfarbe aus (gelb, orange, rot, braun, dunkelgrün).

★★ Die Kinder malen die Blätter an. Sie können auch die passenden Herbstfrüchte neben die Blätter malen.

Faltanleitung

→ Vorlagen ausschneiden

→ Seiten aufeinanderlegen (Titelseite liegt oben)

→ Kreise lochen und Seiten mit der Musterklammer verbinden

→ mit der Rückseite der letzten Seite in das Lapbook kleben

Lassen Sie sich von den Kindern die verschiedenen Blattarten beschreiben und die dazugehörigen Baumarten und Früchte nennen.

Der Igel im Herbst (S. 54)

Ziel Verhalten des Igels im Herbst kennenlernen

Material **KV** „Der Igel im Herbst", gepresste Blätter, Klebeband

Vorbereitung Blätter frühzeitig sammeln, pressen und ggf. laminieren

Gestaltung Die Kinder malen das Futter aus, das der Igel frisst, und streichen die falschen Bilder durch (s. Foto rechts).

★ Die Kinder schneiden Dreiecke aus braunem Papier aus und kleben sie als Stacheln auf die Igelvorderseite.

★★ Die Kinder spuren auf der Titelseite die Stacheln nach und malen den Igel aus. Auf die Rückseite malen sie einen Igel unter einem Blätterhaufen.

Faltanleitung

→ Vorlagen ausschneiden

→ beide Igel an der Klebefläche aufeinanderkleben (Igel mit Nahrung ist innen)

→ Klebeflächen nach hinten falten und auf der Rückseite festkleben

→ Igelbuch mit der Rückseite in das Lapbook kleben

Lassen Sie die Kinder ein gepresstes Blatt (ggf. laminiert) über den Igel ins Lapbook kleben, damit deutlich wird, dass Igel im Herbst ihr Winterquartier suchen. Das Blatt sollte mit Klebeband im Lapbook befestigt werden, sodass es „klappbar" ist und der Igel darunter zum Vorschein kommt (s. S. 4). Achten Sie beim Laminieren darauf, dass keine scharfen Kanten enstehen.

Leckeres im Herbst (S. 55)

Ziel Obst und Gemüse der Herbstzeit kennenlernen

Material **KV** „Leckeres im Herbst", evtl. farbige Abbildungen der Früchte oder Korb mit echten Früchten, evtl. Prospekte

Gestaltung ★ Die Kinder malen die Früchte in den passenden Farben aus.

★★ Die Kinder gestalten weitere Karten mit Früchten des Herbstes. Diese bemalen oder bekleben sie mit Bildern aus Prospekten. Die Kinder unterscheiden die Früchte zusätzlich nach Obst, Gemüse, Getreide und Nüssen. Dazu malen sie verschiedenfarbige Punkte auf die Rückseite der Karten (z. B. grün = Gemüse).

Faltanleitung Korb

→ Vorlage ausschneiden

→ die Klebeflächen nach hinten falten

→ den Korb mit den Klebeflächen auf das Lapbook kleben

Faltanleitung Früchtekarten

→ Karten an der Schneidelinie ausschneiden

→ zum Aufbewahren in den Korb stecken

Kopieren Sie die Früchtekarten für jedes Kind 2-mal. Damit gestalten sich die Kinder ein Früchte-Memo.

Herbstwetter (S. 56)

Ziel Regen und Wind als typisches Herbstwetter kennen

Material **KV** „Herbstwetter", Wollfäden, Klebeband, Watte

Gestaltung ★ Die Kinder malen den Regenschirm aus. Sie spuren die Puste der Windwolke und die Regentropfen unter der Wolke nach. Diese können z. B. mit Stiften ausgemalt oder mit Fingerfarben bedruckt werden.

★★ Als zusätzliche Aufgabe malen die Kinder auf die leeren Rückseiten des Schirms Regenkleidung.

Faltanleitung Wolke

→ Vorlage ausschneiden und in der Mitte falten

→ Ende eines Wollfadens (ca. 6 cm) in die Wolke legen

→ Wolke zusammenkleben

→ anderes Ende der Wolle mit Klebeband im Lapbook befestigen

Faltanleitung Regenschirm

→ Vorlage ausschneiden

→ an den dicken Faltlinien nach vorn und an den dünnen Faltlinien nach hinten falten, sodass der Schirm „geschlossen" ist

→ geschlossenen Schirm mit der Rückseite unter die Wolke ins Lapbook kleben

Die Wolken können die Kinder ggf. mit Watte bekleben.

Im Dunkeln unterwegs (S. 57)

Ziel Bedeutung der Kleidungsfarben im Straßenverkehr erkennen
Material **KV** „Im Dunkeln unterwegs", Bunt- und Wachsmalstifte
Vorbereitung Stiftfarben nach hell (gelb, orange, hellgrün) und dunkel (schwarz, braun, blau, grün) sortieren und in Körben bereitstellen
Gestaltung ★/★★ Die Kinder malen ein Kind auf der Vorlage nur mit hellen Farben, das andere mit dunklen Farben aus. Sie betrachten die fertigen Bilder von Weitem und überlegen, welche Kleidung besser sichtbar ist. Anschließend malen sie die Smileys rot oder grün aus. Den dunklen Hintergrund können die Kinder zusätzlich mit schwarzen Wachsmalern anmalen.

Faltanleitung
→ Vorlage ausschneiden
→ rechte Faltlinie nach innen falten
→ linke Faltlinie nach außen falten
→ mit der Rückseite der rechten Seite in das Lapbook kleben

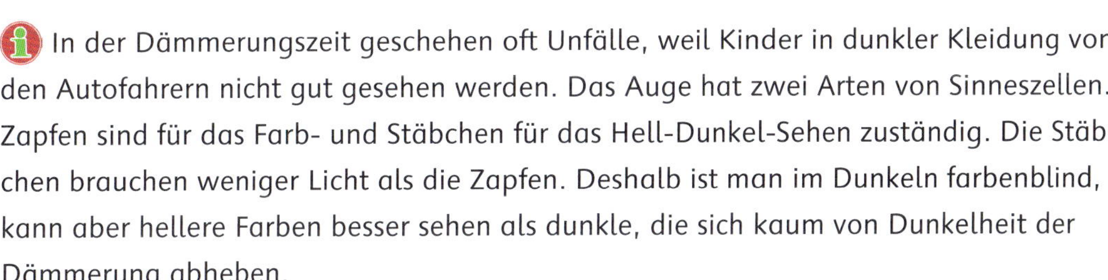
In der Dämmerungszeit geschehen oft Unfälle, weil Kinder in dunkler Kleidung von den Autofahrern nicht gut gesehen werden. Das Auge hat zwei Arten von Sinneszellen. Zapfen sind für das Farb- und Stäbchen für das Hell-Dunkel-Sehen zuständig. Die Stäbchen brauchen weniger Licht als die Zapfen. Deshalb ist man im Dunkeln farbenblind, kann aber hellere Farben besser sehen als dunkle, die sich kaum von Dunkelheit der Dämmerung abheben.

Sankt Martin (S. 58)

Ziel Botschaft vom Teilen der Martinsgeschichte auf das eigene Leben übertragen
Material **KV** „Sankt Martin"
Vorbereitung Geschichte von Sankt Martin und dem Bettler erzählen
Gestaltung Die Kinder malen den roten Soldatenmantel von Sankt Martin aus.
★ Die Kinder malen in den Mantel, was sie schon einmal mit anderen geteilt haben oder was sie mit anderen teilen können.
★★ Die Kinder übertragen das „Teilen" nicht nur auf Gegenstände, sondern auch auf Tätigkeiten, z. B. anderen zu helfen oder Zeit miteinander verbringen, und malen dies auf.

Faltanleitung
→ Vorlage ausschneiden
→ dünne Faltlinien auf beiden Seiten zur Mitte falten
→ rechte Faltlinien nach außen falten, sodass der Mantel geschlossen ist
→ mit der Rückseite des geschlossenen Buches in das Lapbook kleben

Im Winter

Am Vogelhäuschen (S. 59)

Ziel Meise und Amsel als heimische Vögel und Vogelfutter kennen
Material **KV** „Am Vogelhäuschen", Vogelfutter (Körner, Nüsse etc.), Flüssigkleber, evtl. farbige Abbildungen von Blaumeise und Amsel
Vorbereitung ★ Futterbilder vor dem Kopieren abdecken und Vogelfutter bereitstellen.
Gestaltung ★ Die Kinder kleben mit Flüssigleim verschiedene Körner zum Füttern in das Vogelhaus.
★★ Die Kinder wählen aus den Bildern das richtige Vogelfutter aus und kleben es in das Vogelhaus. In die freien Felder malen die Kinder selbst noch Futter, das man ins Vogelhaus hineintun kann. Sie malen die Vögel auf dem Vogelhaus aus.
Alternative Die Kinder kleben in eine Innenseite des Vogelhauses erlaubte, in die andere Seite nicht erlaubtes Vogelfutter.
Faltanleitung
→ Vorlagen ausschneiden und in der Mitte falten
→ mit der Rückseite in das Lapbook kleben

Farben der Amsel: schwarzes (Männchen) oder braunes (Weibchen) Gefieder, orangefarbener Schnabel
Farben der Blaumeise: weißer Kopf, der oben blau ist, blaue Flügel und blauer Rücken, gelber Bauch, schwarzer Schnabel und Beine

Tiere im Winter (S. 60)

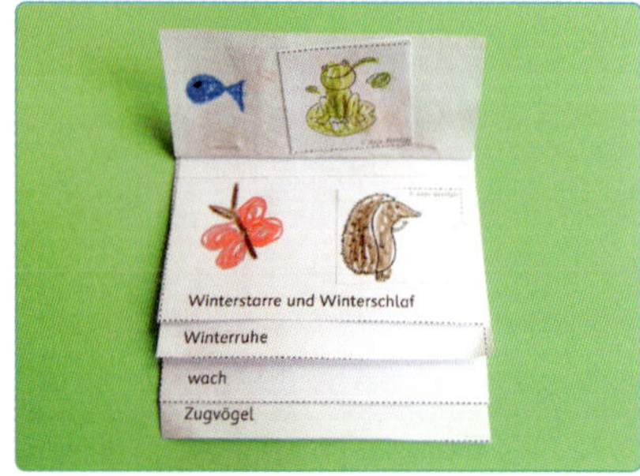

Ziel verschiedene Formen der Überwinterung von Tieren kennenlernen
Material **KV** „Tiere im Winter", ★★ ggf. kleiner Umschlag
Gestaltung ★ Die Kinder entscheiden, ob die abgebildeten Tiere Winterschlaf oder -ruhe halten, aktiv oder Zugvögel sind. Sie kleben die Bilder auf die Seiten der passenden Kategorie und malen sie aus.
★★ Mit älteren Kindern können Sie weitere Tiere recherchieren, die sich in die Kategorien einordnen lassen. Sie können sie dazumalen.
Faltanleitung
→ Vorlagen ausschneiden
→ alle Seiten der Reihe nach (Würfelaugen) aufeinanderlegen; die Titelseite liegt oben, sodass ein Stufenbuch entsteht
→ mit dem Heftgerät zusammenheften (Hilfestellung nötig)
→ mit der Rückseite der letzten Seite in das Lapbook kleben

Die Symbole auf den Vorderseiten helfen bei der Zuordnung.

Frau Holle (S. 61)

Ziel Märchen der Frau Holle als typisches Wintermärchen kennen und nachspielen

Material **KV** „Frau Holle", Glitzerkleber in Gold, schwarze Wachsmalstifte

Vorbereitung Märchen von Frau Holle vorlesen oder erzählen

Gestaltung Die Kinder malen die Fingerpuppen an. Eine Seite der Goldmarie verzieren die Kinder mit Glitzerkleber. Für das Pech der Pechmarie übermalen sie eine Seite der fertigen Zeichnung teilweise mit schwarzem Wachmalstift.

★ Erzählen Sie die Geschichte von Frau Holle. Während der Erzählung spielen die Kinder die Geschichte mit ihren Fingerpuppen mit.

★★ Die Kinder spielen das Märchen von Frau Holle. Dies kann in Dreiergruppen erfolgen oder von jedem Kind einzeln gespielt werden, da im Märchen immer nur zwei Personen miteinander sprechen und spielen.

Faltanleitung Fingerpuppen

→ Vorlagen ausschneiden
→ alle Klebeflächen nach hinten falten
→ auf der Innenseite festkleben, sodass nur noch eine Öffnung für die Finger bleibt
→ in den Torbogen stecken

Faltanleitung Torbogen

→ Vorlagen ausschneiden
→ Klebeflächen nach hinten falten
→ auf die Klebeflächen des Torbogens festkleben
→ gesamten Torbogen mit der Rückseite auf Lapbook kleben

Unter dem Weihnachtsbaum (S. 62)

Ziel das Schmücken des Tannenbaumes als Weihnachtsbrauch kennen, Weihnachtswünsche nennen

Material **KV** „Unter dem Weihnachtsbaum", Weihnachtsstreudeko oder Stanzer mit Weihnachtsmotiven, farbiges Tonpapier

Vorbereitung ★ die Schmuckbilder für den Weihnachtsbaum vor dem Kopieren abdecken. Aus Tonpapier mit Stanzern Motive ausstanzen.

Gestaltung Auf die Rückseite malen die Kinder ihre Weihnachtswünsche.

★ Die Kinder gestalten ihren Baum, indem sie ausgestanzte Motive oder Streudeko aufkleben.

★★ Die Kinder gestalten mit den Vorlagen zum Schmücken ihren Weihnachtsbaum. Sie können auch selbst noch Schmuck dazumalen. Die Geschenke werden unter den Weihnachtsbaum geklebt.

Faltanleitung

→ Vorlage ausschneiden
→ Klebefläche nach hinten falten
→ mit Klebefläche in das Lapbook kleben

Spaß im Schnee (S. 63)

Ziel Gegenstände den passenden Tätigkeiten im Schnee zuordnen
Material **KV** „Spaß im Schnee"
Gestaltung ★ Die Kinder ordnen den Tätigkeiten auf den Vorderseiten der Klappen die passenden Gegenstände zu und kleben diese auf die Rückseiten. Sie malen die Bilder in passenden Farben aus.
★★ Die Kinder malen die Gegenstände, die man für die Tätigkeiten braucht, selbst. Decken Sie dazu die Bilder vor dem Kopieren ab.

Faltanleitung

→ Vorlage ausschneiden
→ Schneidelinien einschneiden
→ nur mit der Rückseite des Mittelstreifens auf das Lapbook kleben, sodass die linken und rechten Seitenklappen aufgeklappt werden können

Mein Faschingskostüm (S. 64)

Ziel das Verkleiden zu Fasching als Brauch der Winterzeit kennen
Material ★ **KV** „Mein Faschingskostüm"
Vorbereitung Kinder einzeln in ihrem Faschingskostüm fotografieren und Fotos (ca. 7 x 9 cm) ausdrucken
Gestaltung Die Kinder spuren die Konfettischlangen nach, malen die Faschingsdeko aus und malen weitere kleine Kreise für das Konfetti auf dem Boden. (Hinweis: am besten vor dem Basteln)
★ Die Kinder kleben ein Bild von ihrem Kostüm in das Minibuch.
★★ Die Kinder malen sich mit ihrem Kostüm auf den Körperumriss.

Faltanleitung

→ Vorlagen ausschneiden
→ unteren Teil des Minibuchs nach oben falten
→ Klappe „Fasching" nach hinten falten und an der Rückseite festkleben
→ Halter in der Mitte nach hinten falten, dann Klebeflächen 1 und 2 nach hinten falten
→ Halter mit den Klebeflächen 1 und 2 auf die markierten Flächen im Minibuch kleben
→ gemaltes Bild oder Foto auf den Halter (Klebefläche 3) kleben
→ mit der Rückseite der unteren Klappe in das Lapbook kleben, sodass eine Pop-up-Karte entsteht, wenn man das Minibuch aufklappt

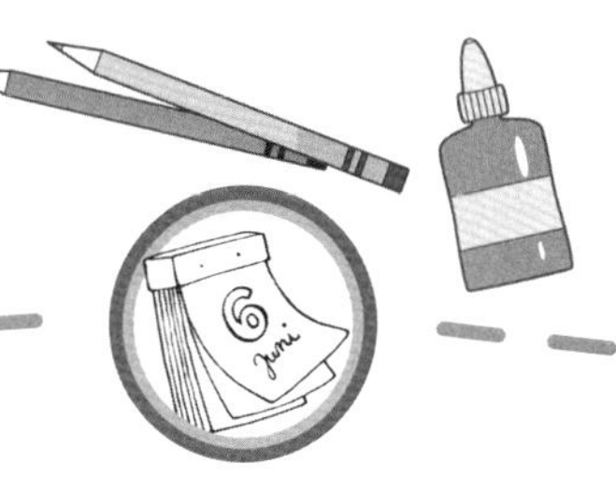

Mein Kita-Lapbook:

JAHRESZEITEN

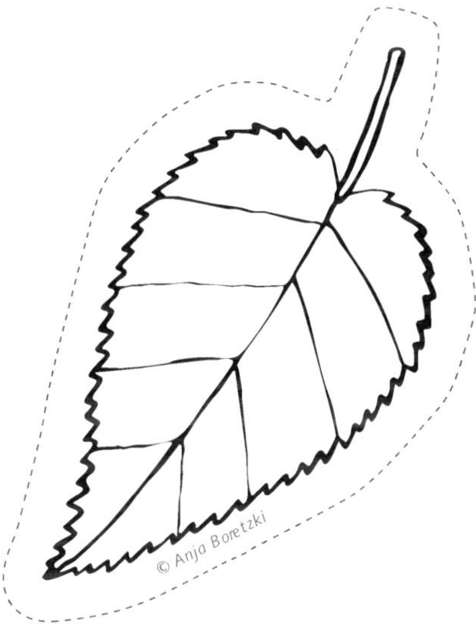

Namensschilder

© Verlag an der Ruhr | Autorin: Doreen Blumhagen | ISBN 978-3-8346-4086-4 | www.verlagruhr.de

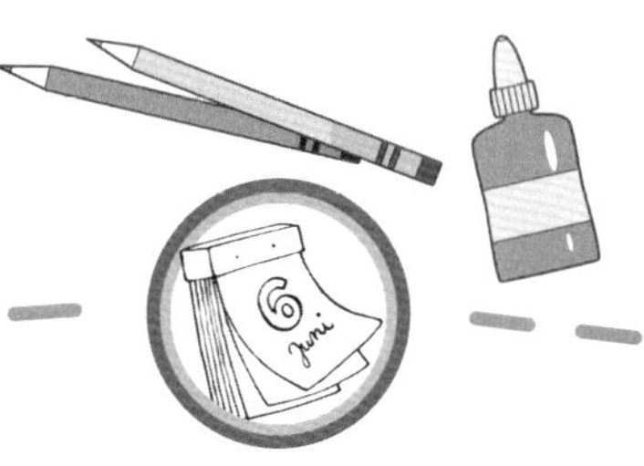

Mein Kita-Lapbook:

FRÜHLING

Mein Kita-Lapbook:

SOMMER

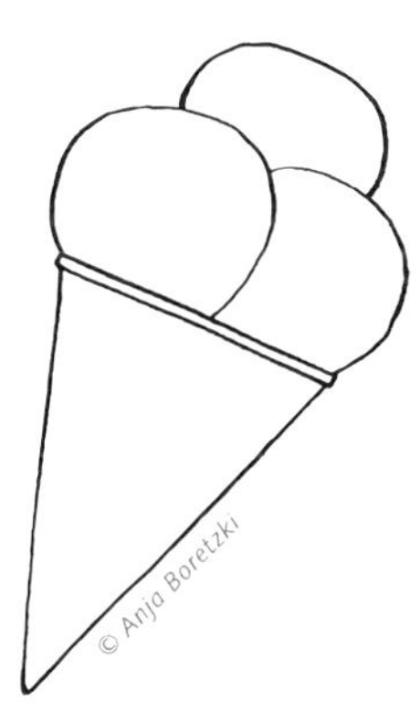

Mein Kita-Lapbook:

HERBST

Mein Kita-Lapbook:

WINTER

© Anja Boretzki

Die Jahresuhr (1/2)

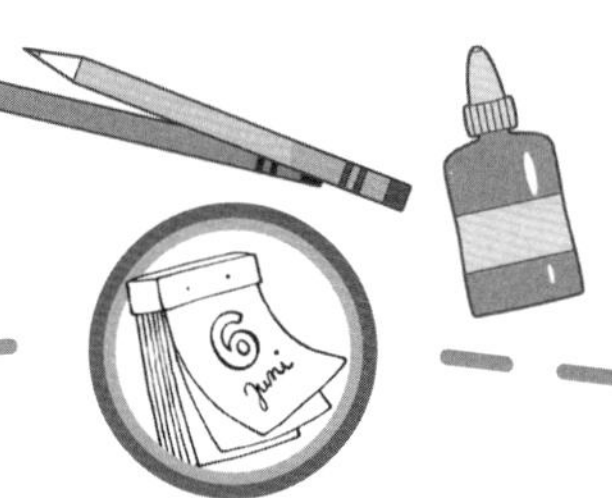

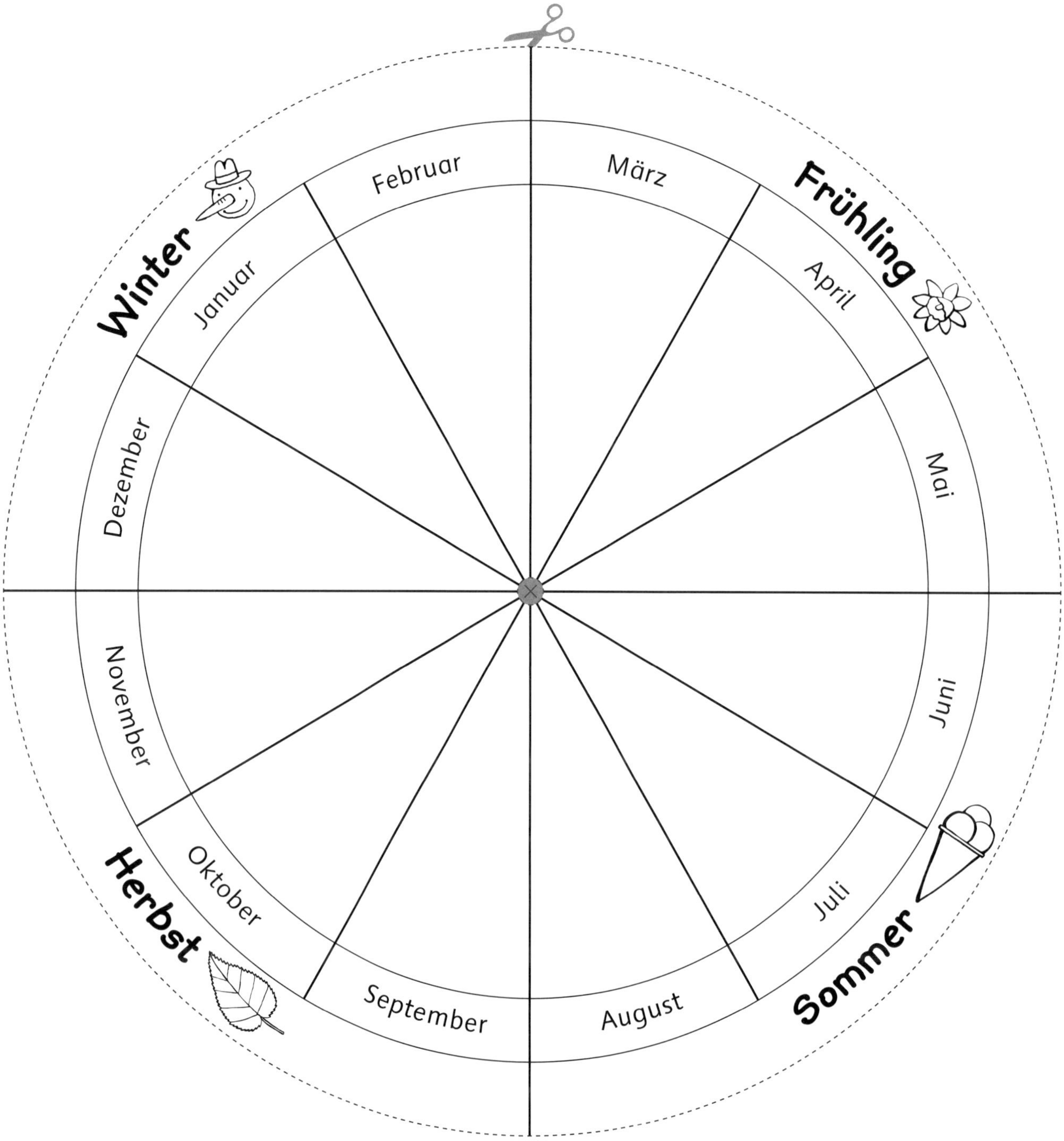

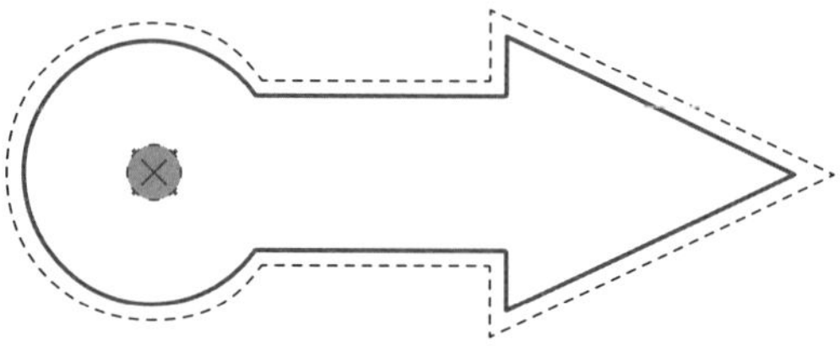

Winter
Januar
Februar
März
Frühling
April
Mai
Juni
Sommer
Juli
August
September
Herbst
Oktober
November
Dezember

Die Jahresuhr (2/2)

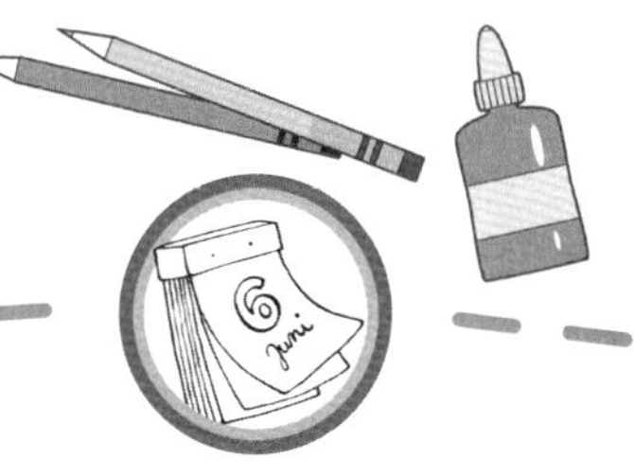

Die Bilder benötigen Sie für beide Jahresuhren.

Frühling

Sommer

Winter

Herbst

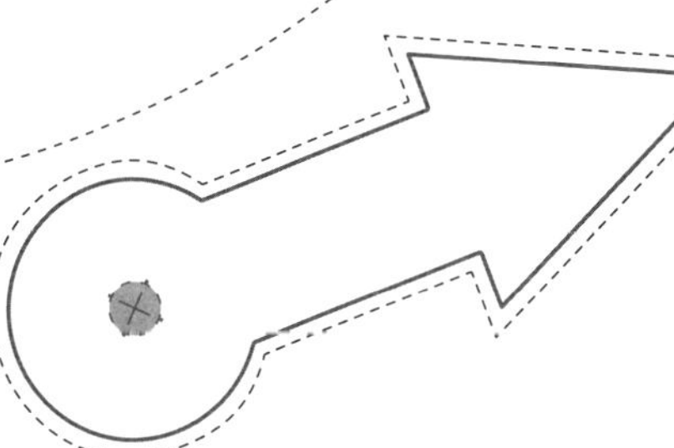

Das Jahr eines Baumes

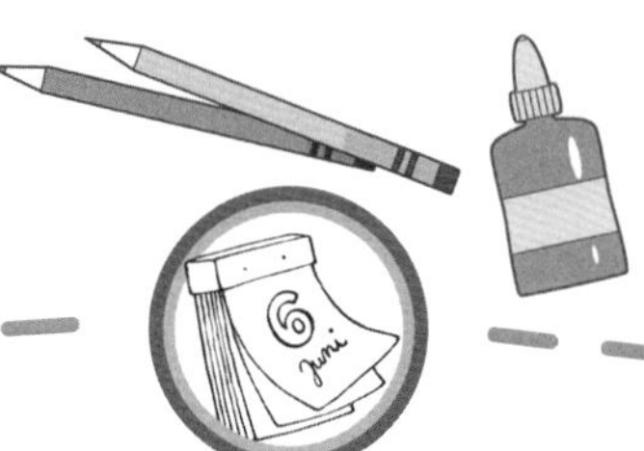

Frühling

© Anja Boretzki

Sommer

© Anja Boretzki

Herbst

© Anja Boretzki

Winter

© Anja Boretzki

Was gehört zum ...? (1/2)

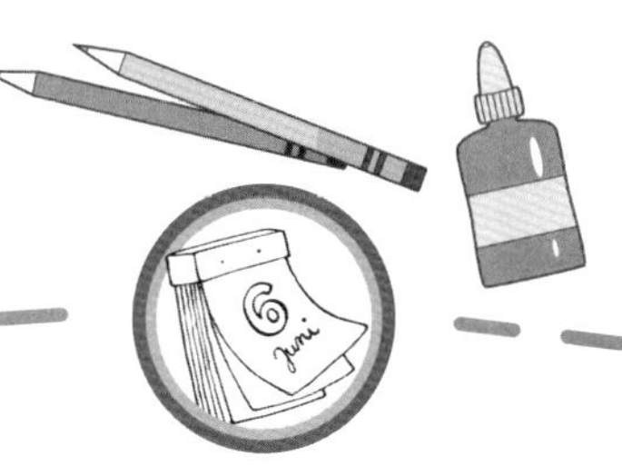

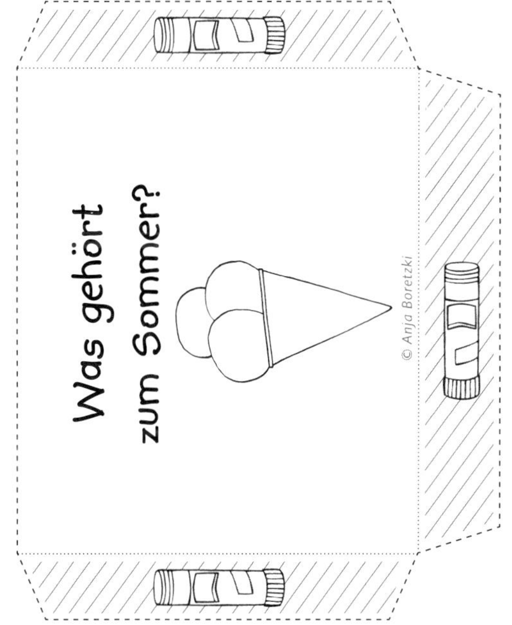

Was gehört zum ...? (2/2)

© Anja Boretzki	© Anja Boretzki	© Anja Boretzki	© Anja Boretzki
© Anja Boretzki	© Anja Boretzki	© Anja Boretzki	© Anja Boretzki
© Anja Boretzki	© Anja Boretzki	© Anja Boretzki	© Anja Boretzki

© Verlag an der Ruhr | Autorin: Doreen Blumhagen | ISBN 978-3-8346-4086-4 | www.verlagruhr.de

Das mag ich am …

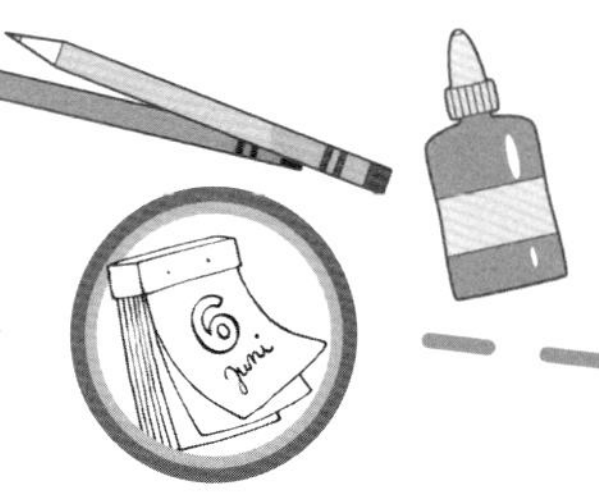

Ich mag am Frühling

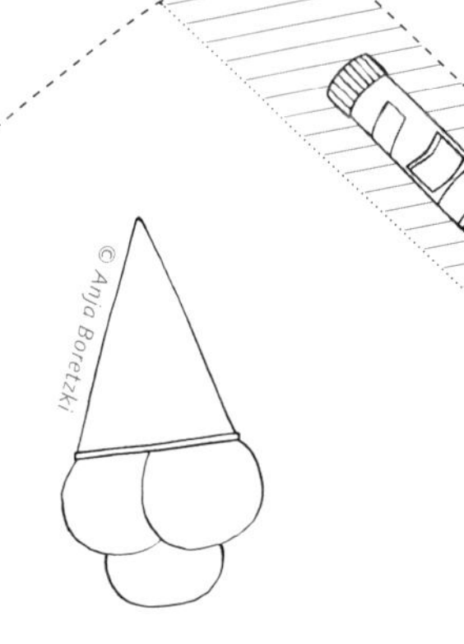

Ich mag am Sommer

Ich mag am Herbst

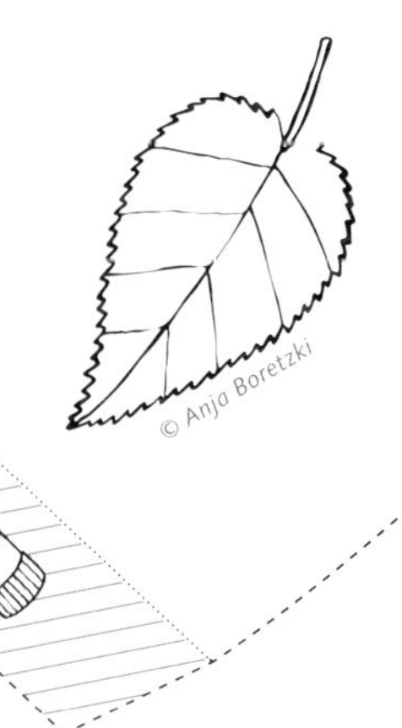

Ich mag am Winter

© Verlag an der Ruhr | Autorin: Doreen Blumhagen | ISBN 978-3-8346-4086-4 | www.verlagruhr.de

Was ziehe ich an?

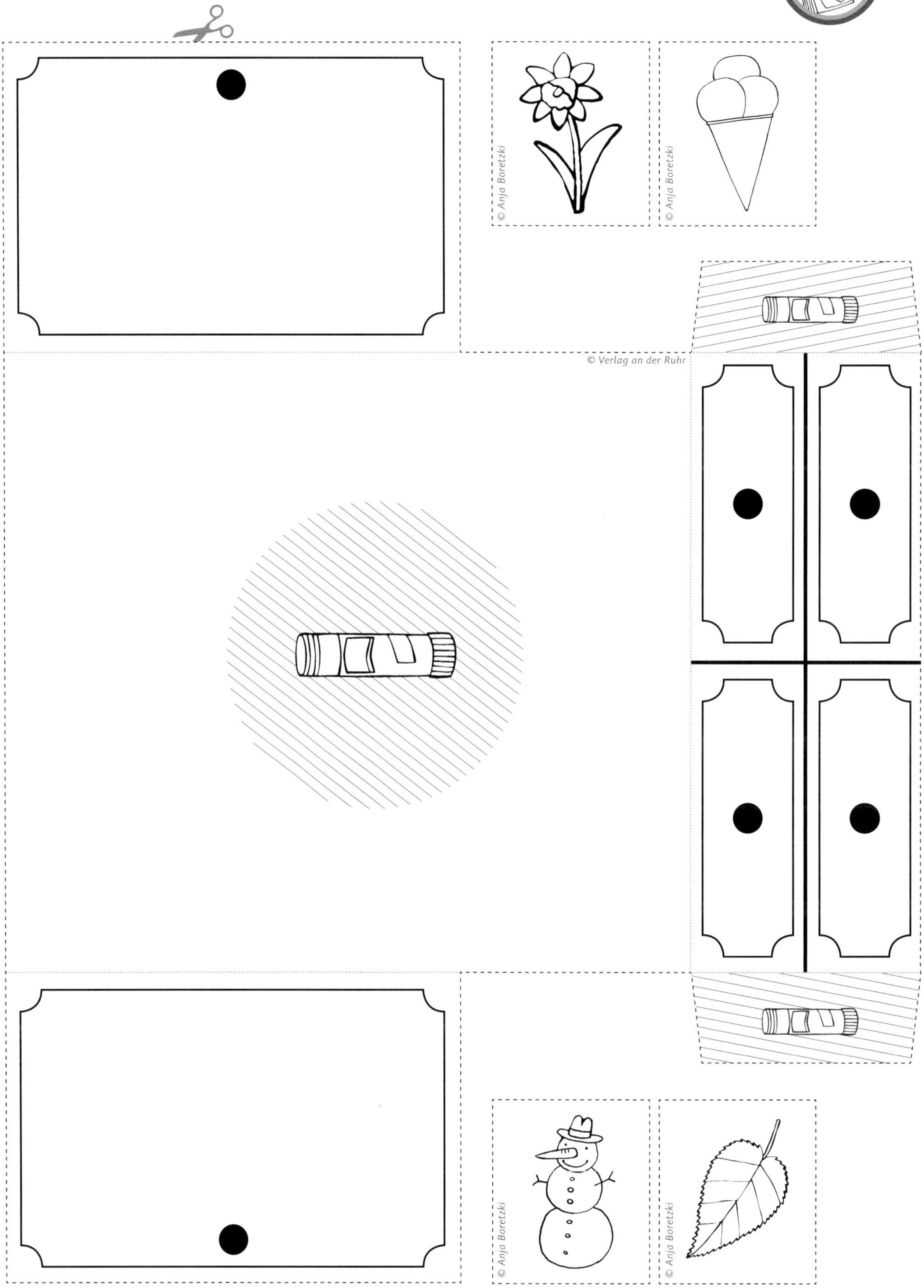

© Anja Boretzki

© Anja Boretzki

© Verlag an der Ruhr

© Anja Boretzki

© Anja Boretzki

Anziehpuppen

© Anja Boretzki

© Anja Boretzki

© Anja Boretzki

© Anja Boretzki

© Anja Boretzki

© Anja Boretzki

© Verlag an der Ruhr | Autorin: Doreen Blumhagen | ISBN 978-3-8346-4086-4 | www.verlagruhr.de

Mit allen Sinnen

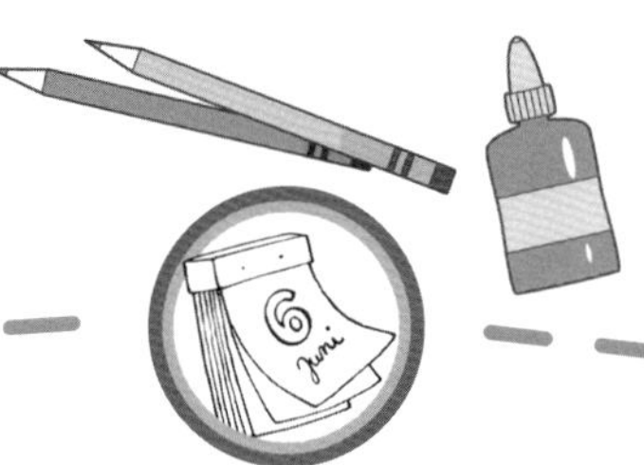

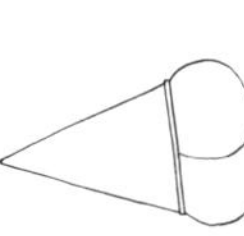

Sommer mit allen Sinnen

Herbst mit allen Sinnen

Frühling mit allen Sinnen

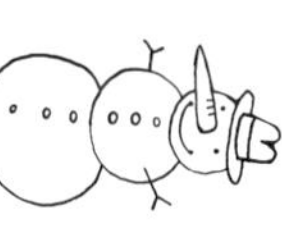

Winter mit allen Sinnen

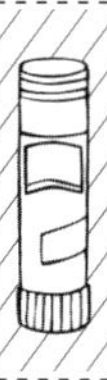

Ich sehe …

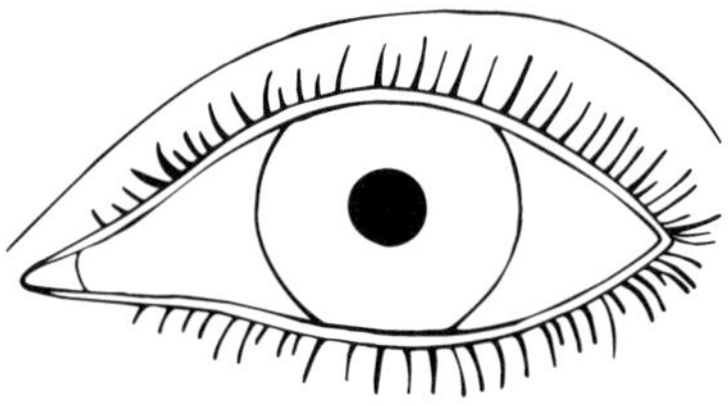

© Anja Boretzki

Ich höre …

© Anja Boretzki

Ich rieche …

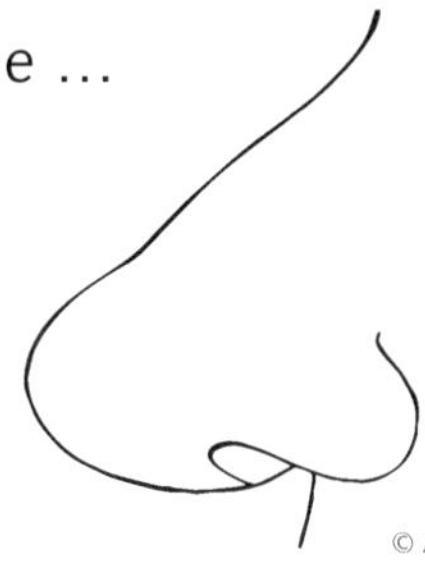

© Anja Boretzki

Ich schmecke …

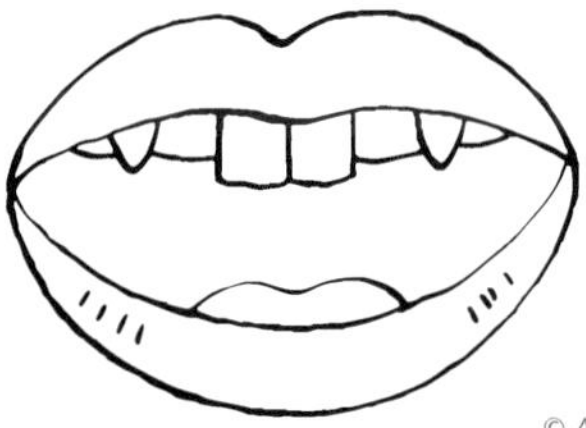

© Anja Boretzki

Ich fühle …

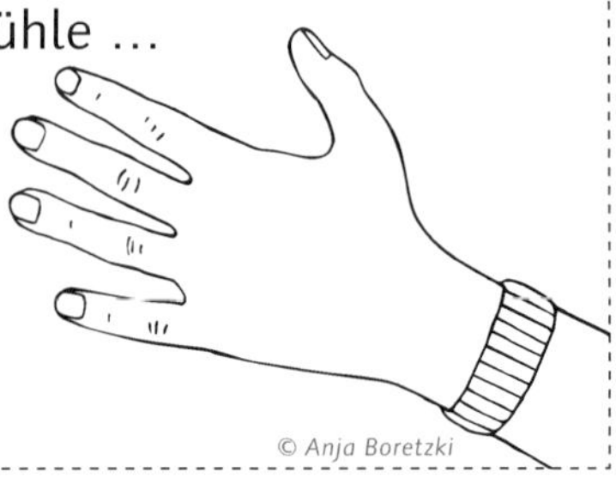

© Anja Boretzki

Wie ist das Wetter heute?

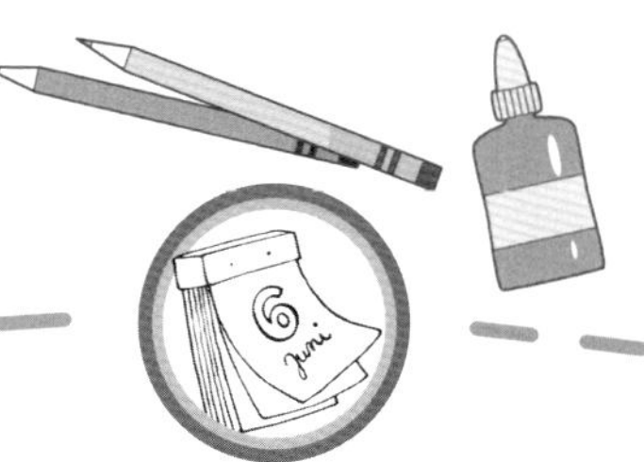

© Verlag an der Ruhr | Autorin: Doreen Blumhagen | ISBN 978-3-8346-4086-4 | www.verlagruhr.de

Frühlingsboten (1/2)

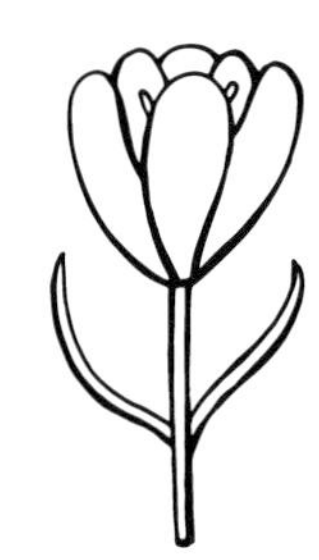

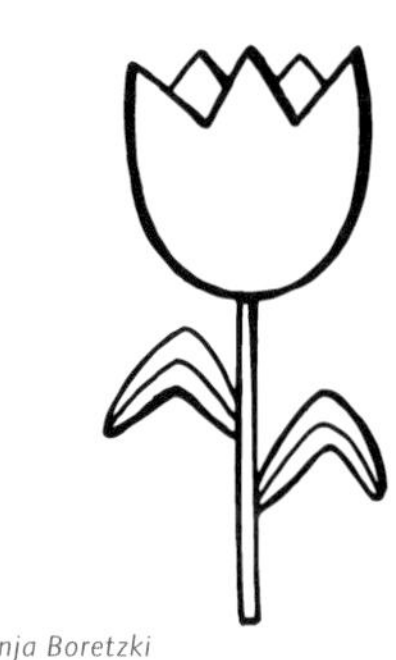

© Verlag an der Ruhr | Autorin: Doreen Blumhagen | ISBN 978-3-8346-4086-4 | www.verlagruhr.de

Frühlingsboten (2/2)

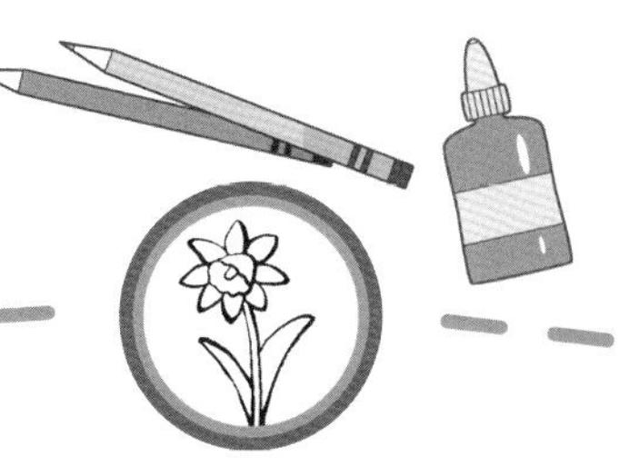

Karten für eigene Memo-Bilder

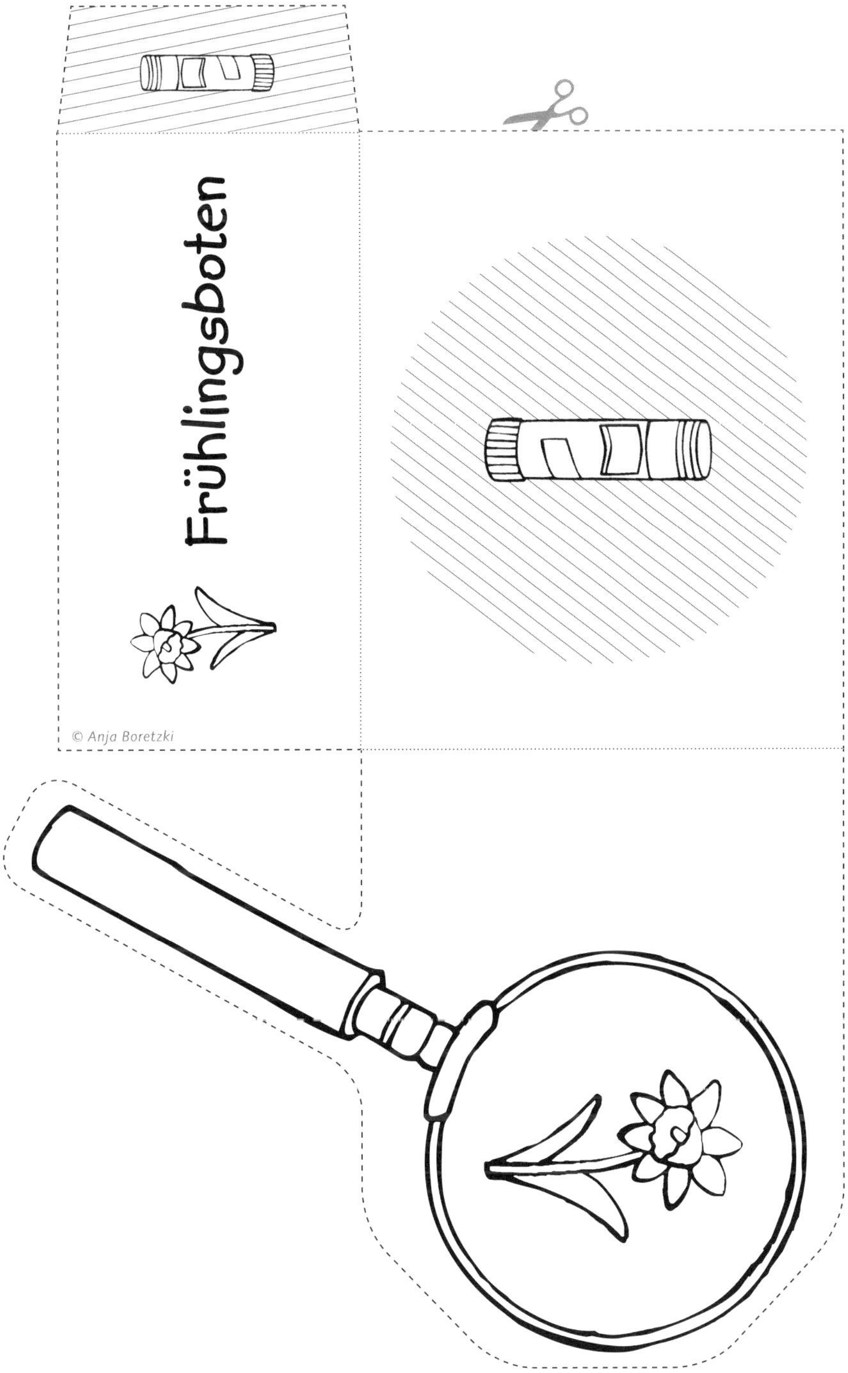

Frühlingsboten

© Anja Boretzki

Frühblüher

© Anja Boretzki

Tulpe

Gänseblümchen

Narzisse

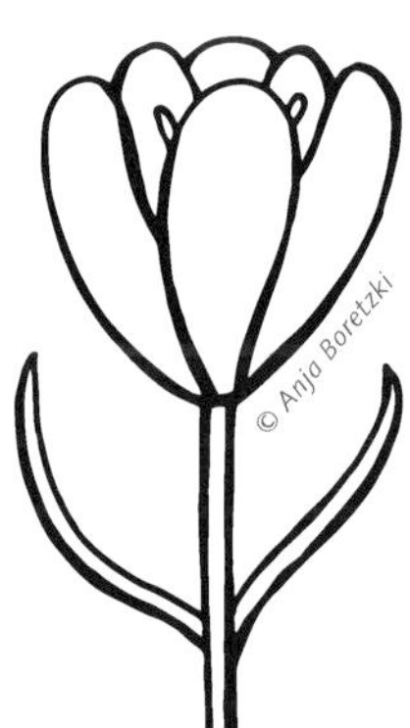

Krokus

Hyazinthe

Das Jahr der Tulpe

Das Jahr der Tulpe

©Eva Spanjardt

©Eva Spanjardt

©Eva Spanjardt

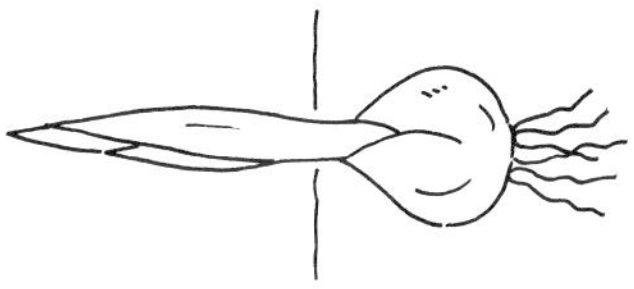

©Eva Spanjardt

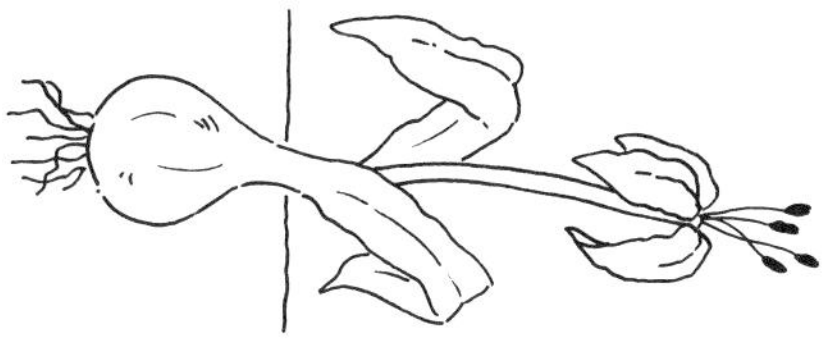

©Eva Spanjardt

© Verlag an der Ruhr | Autorin: Doreen Blumhagen | ISBN 978-3-8346-4086-4 | www.verlagruhr.de

Kapitel-Icon: © Anja Boretzki
Rahmenelemente (Schere, Stifte und Kleber): © Ekaterina – Fotolia.com

Mein Osterei

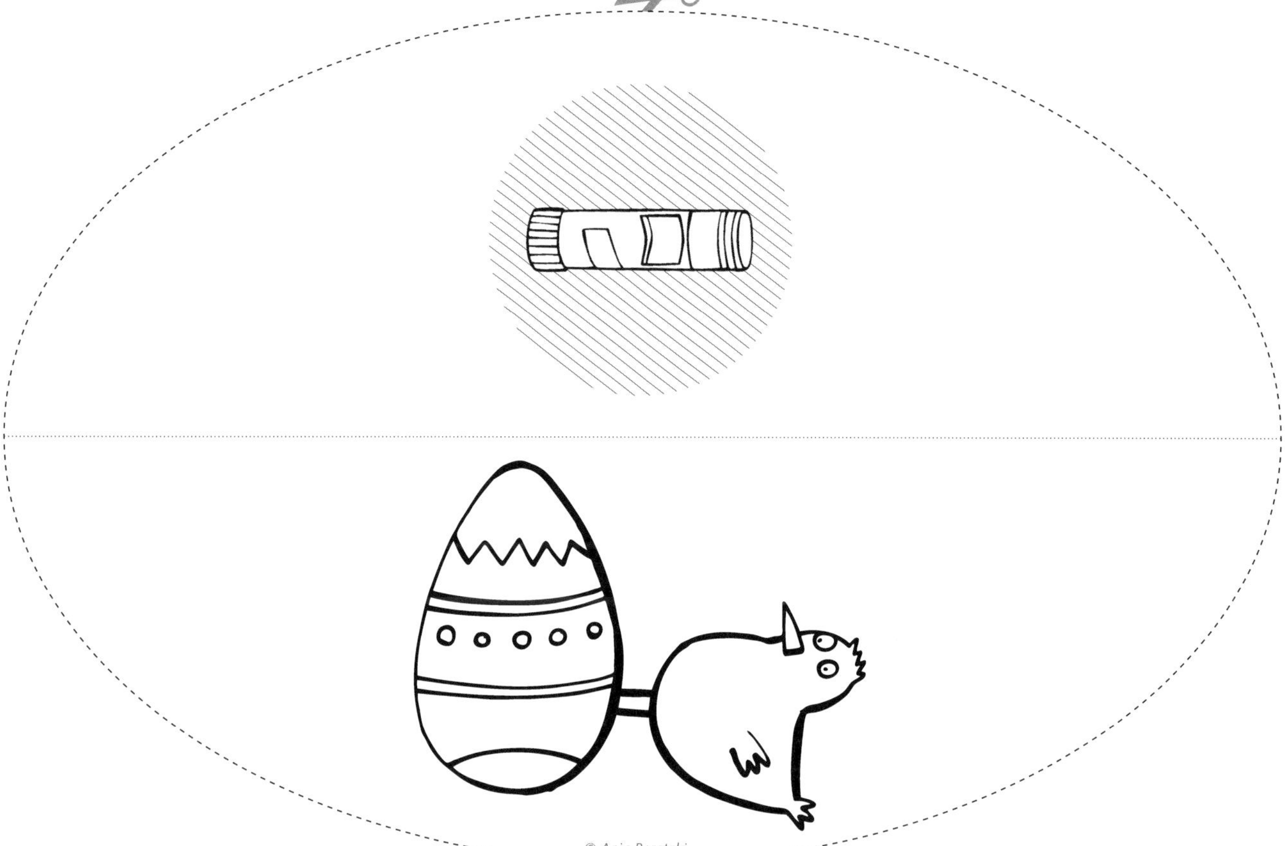

© Anja Boretzki

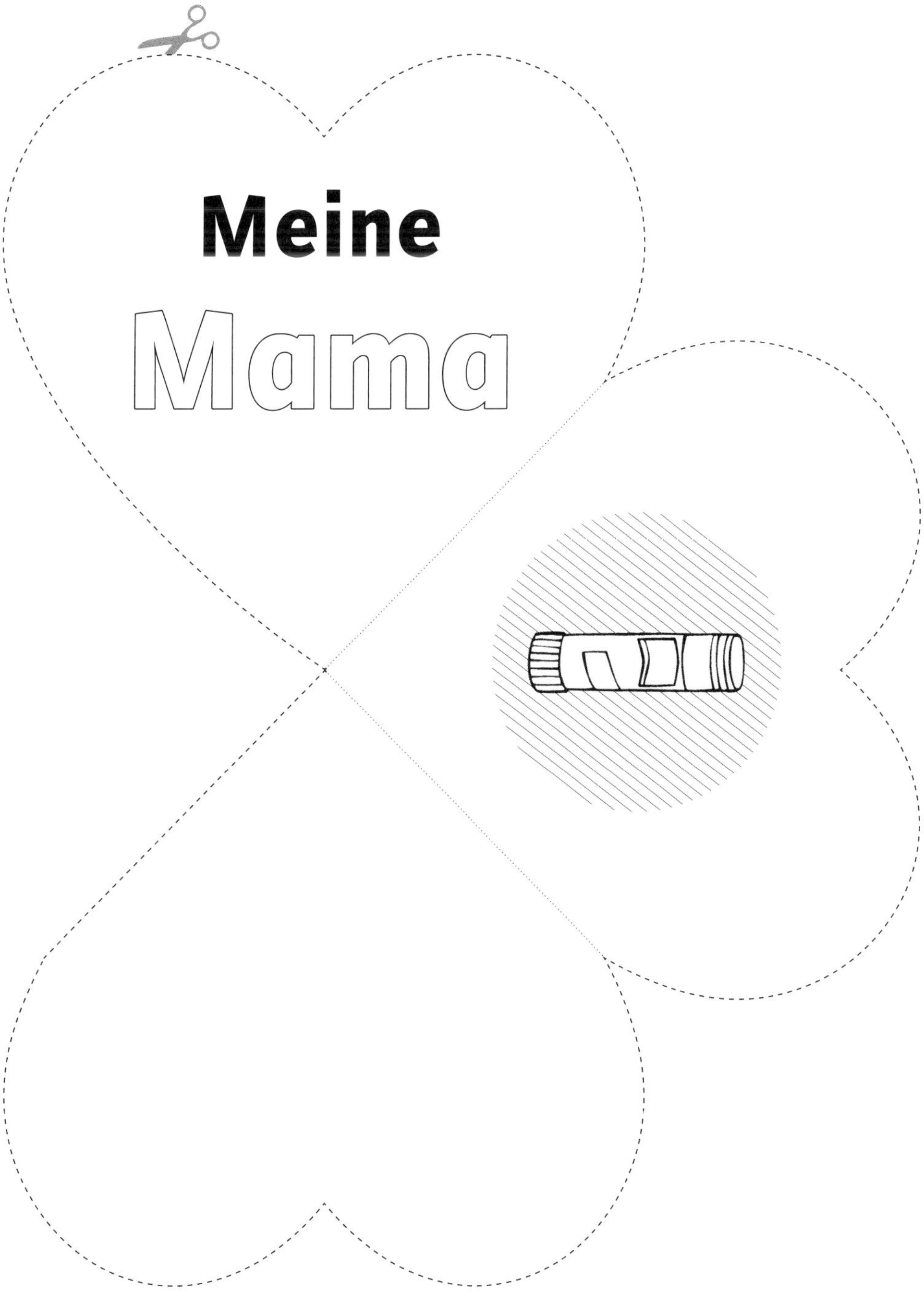

Meine

Mama

Marienkäfer

Erst kommt der Sonnenkäferpapa,
dann kommt die Sonnenkäfermama!
Und hinterdrein, ganz klitzeklein
die Sonnenkäferkinderlein.

Sie haben rote Röckchen an
mit kleinen schwarzen Pünktchen dran.
So machen sie den Sonntagsgang
auf unsrer Gartenbank entlang.

Text: Else Marie Bülau

© Verlag an der Ruhr | Autorin: Doreen Blumhagen | ISBN 978-3-8346-4086-4 | www.verlagruhr.de

Sonnenblume

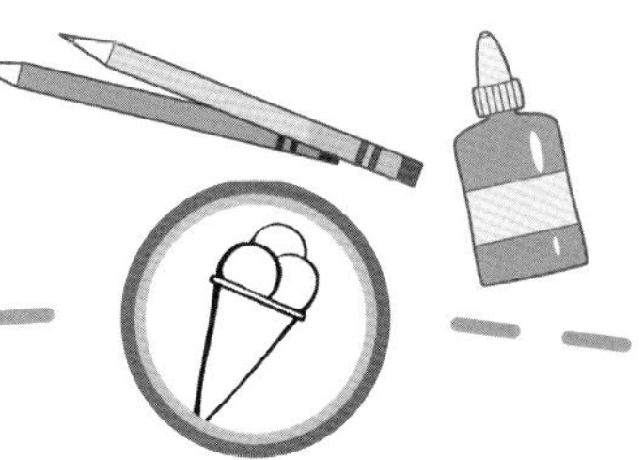

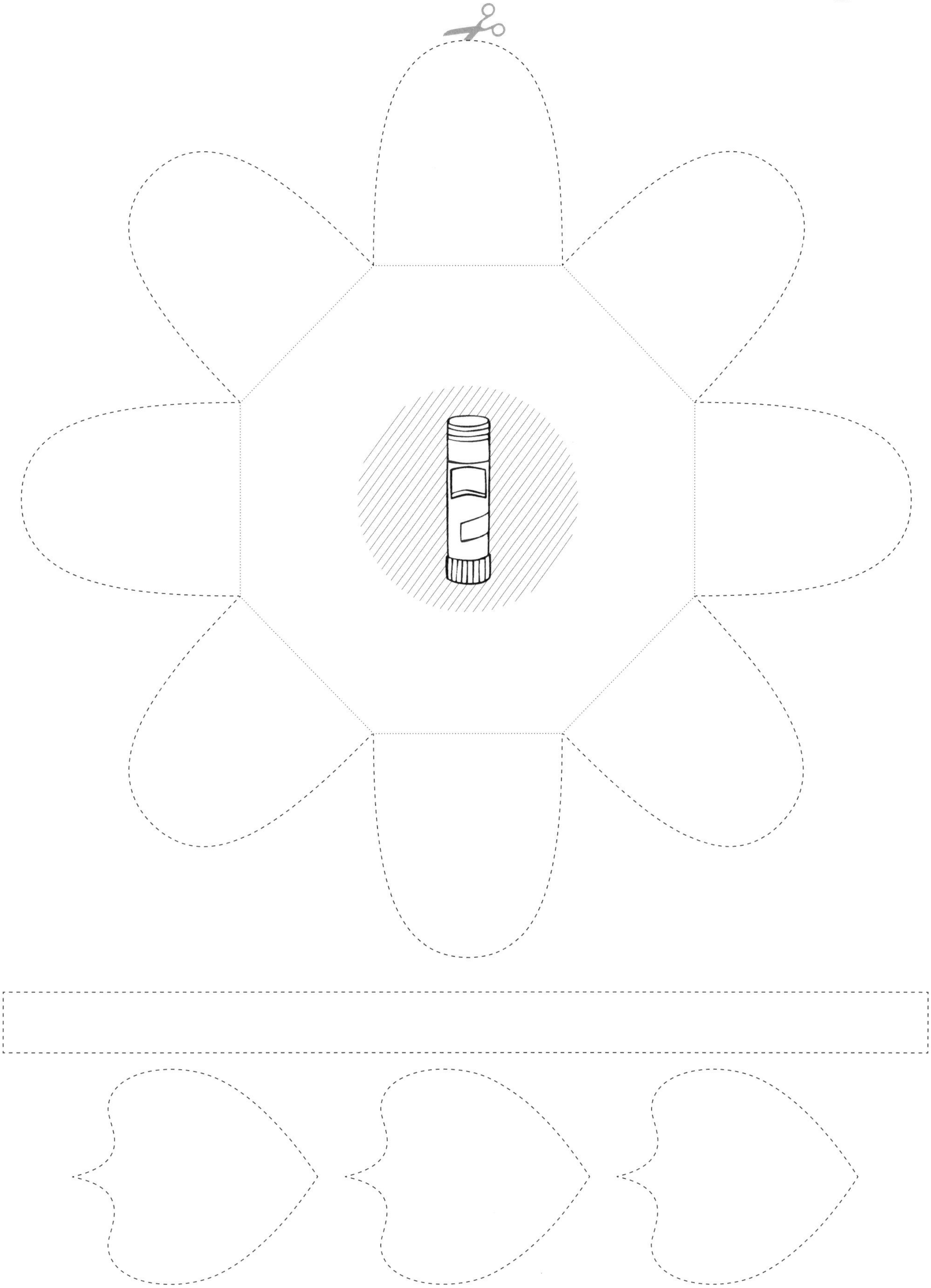

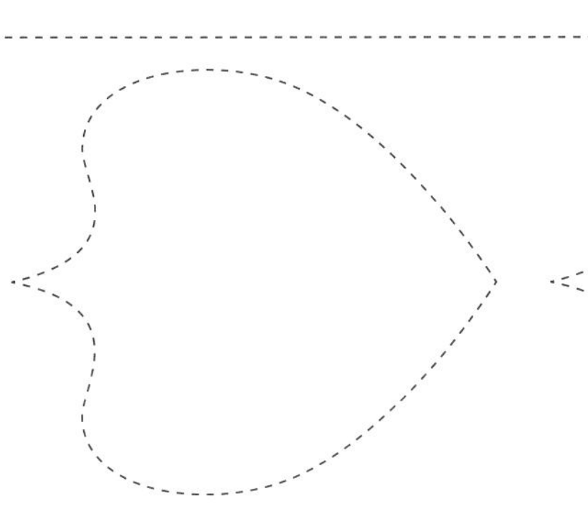

Obst und Gemüse

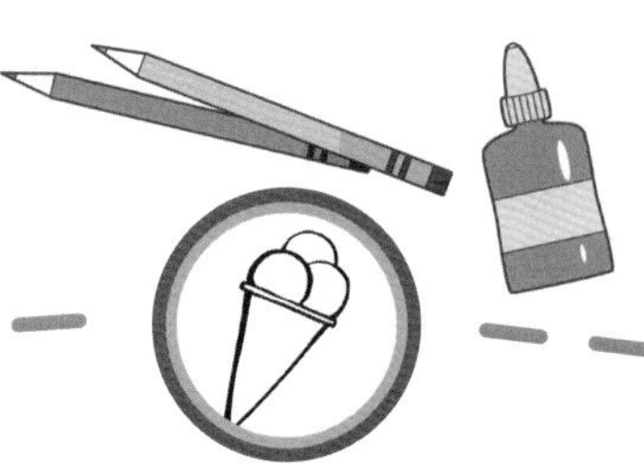

Obst	Gemüse

 © Anja Boretzki	 © Anja Boretzki

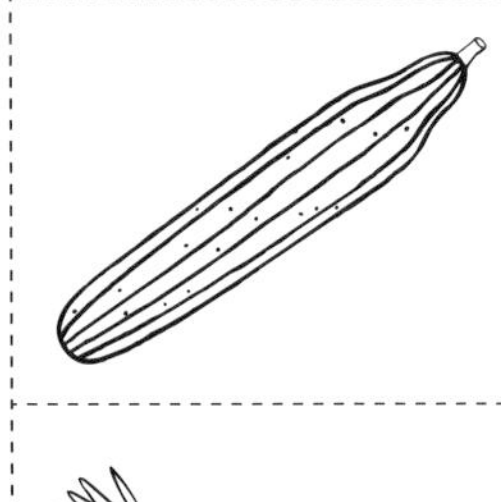

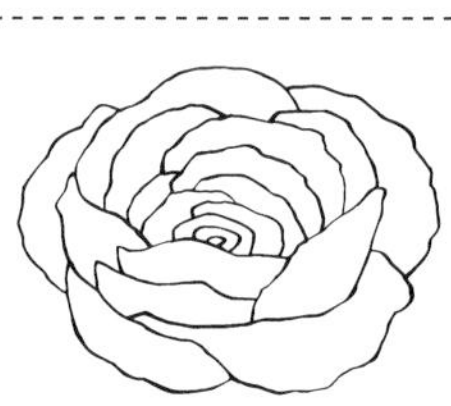
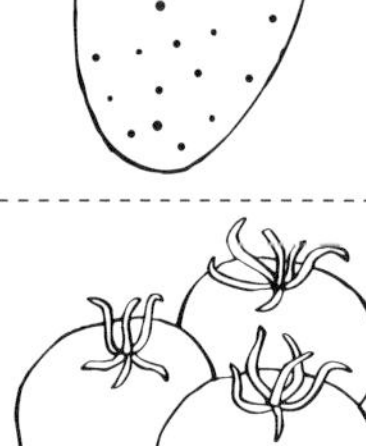

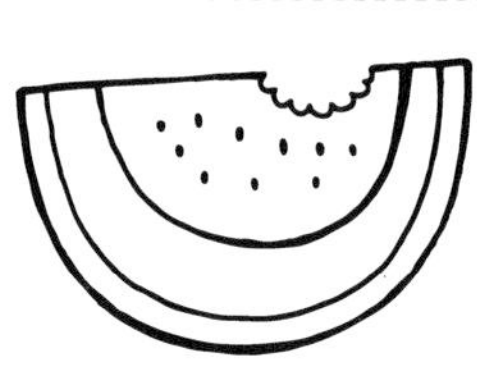

Illustrationen: © Anja Boretzki

Sommerurlaub

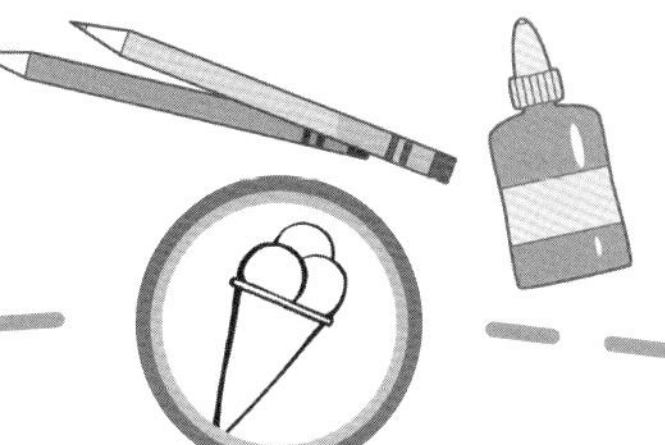

© Anja Boretzki

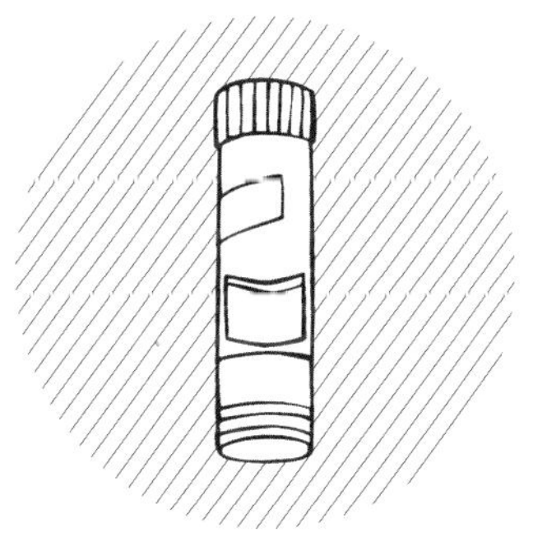

Sonnenschutz

SONNEN MILCH

Illustrationen: © Anja Boretzki

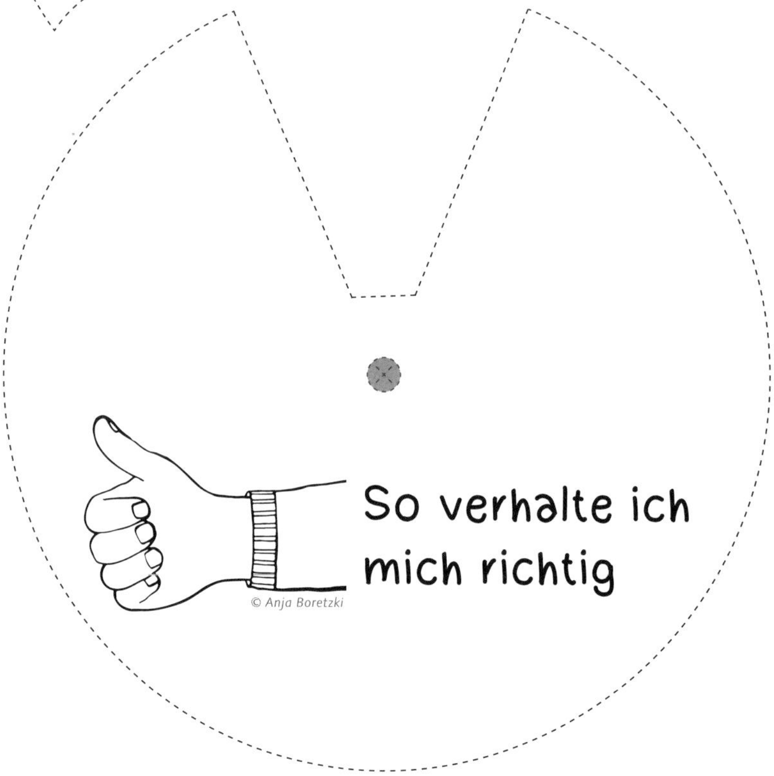

So verhalte ich mich richtig

© Anja Boretzki

Bienenflug

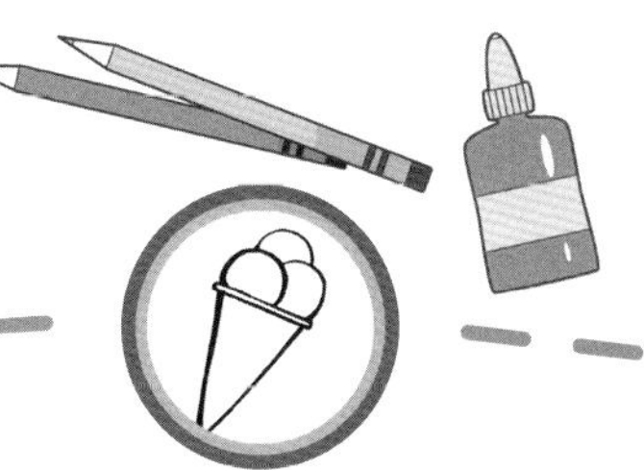

© Anja Boretzki

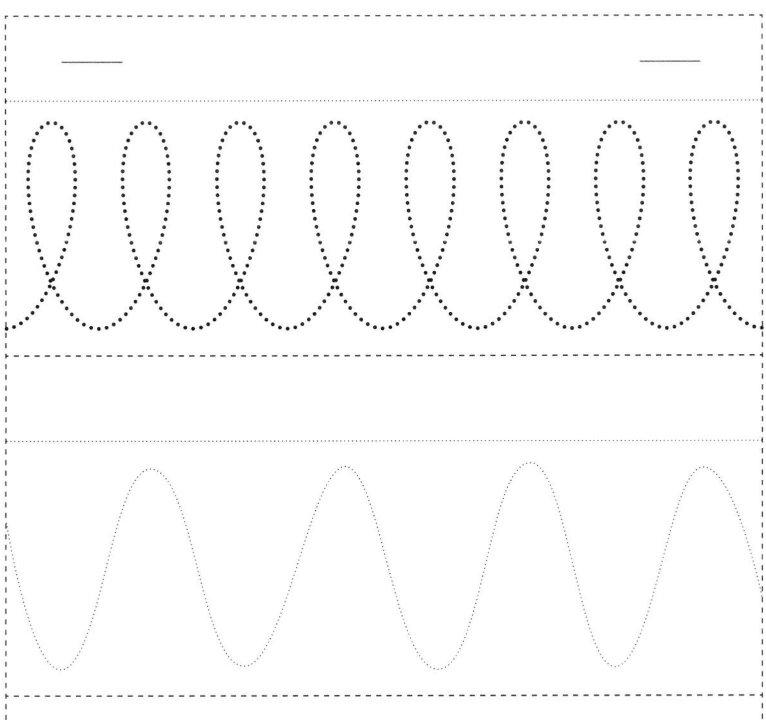

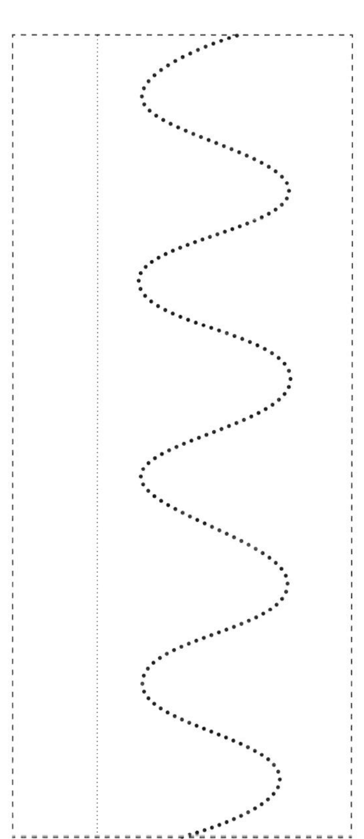

Vom Ei zum Schmetterling

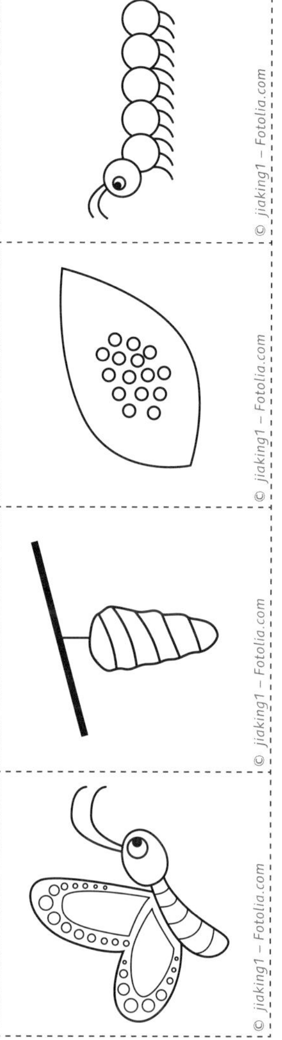

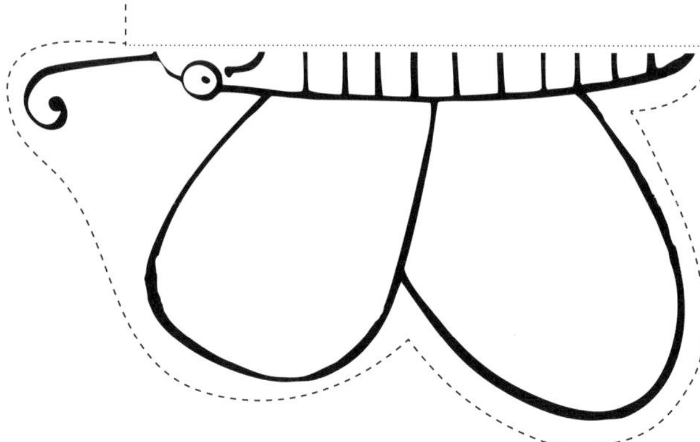

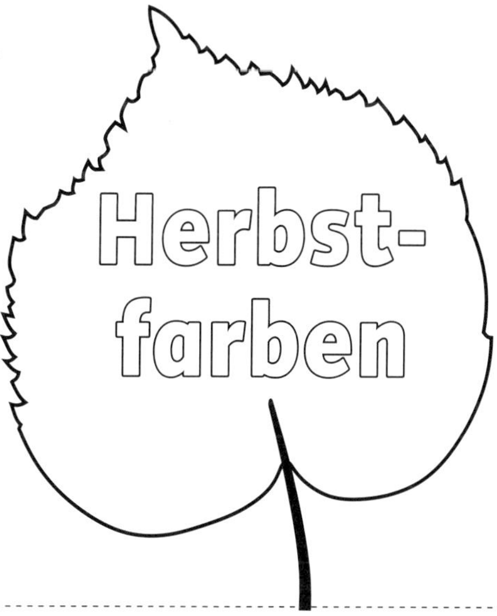

Herbstfarben

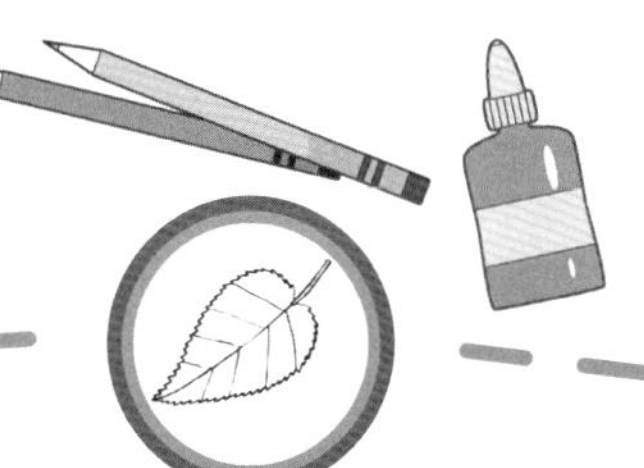

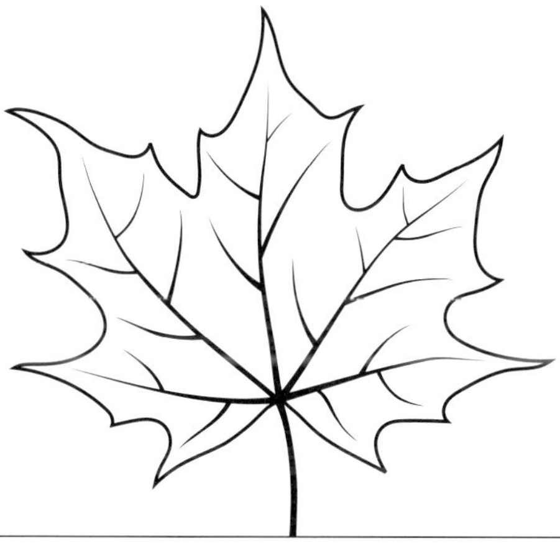

© Ellie Nator – Fotolia.com

Ahorn

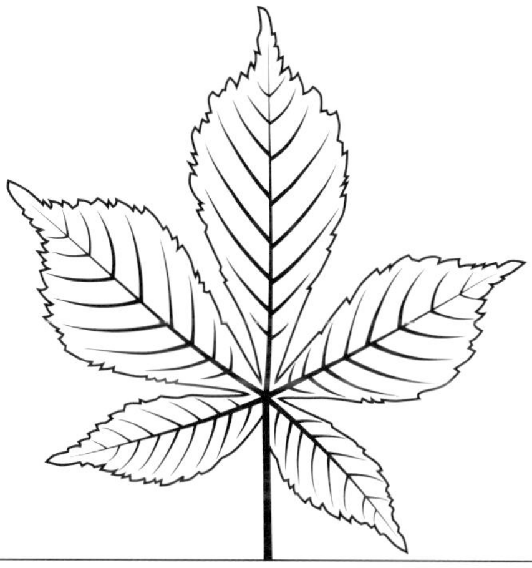

© Ellie Nator – Fotolia.com

Kastanie

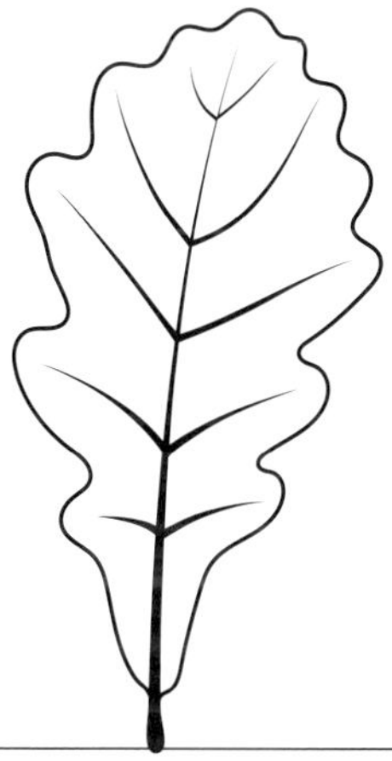

© Ellie Nator – Fotolia.com

Eiche

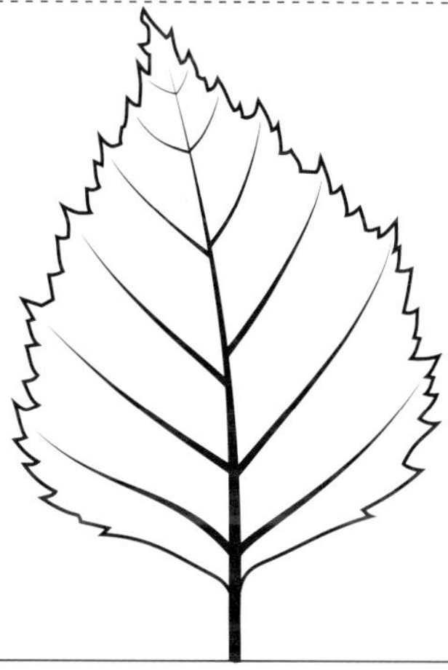

© Ellie Nator – Fotolia.com

Buche

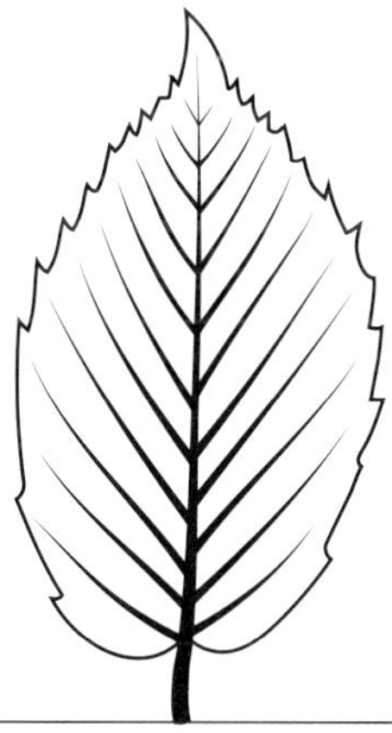

© Ellie Nator – Fotolia.com

Birke

© Ellie Nator – Fotolia.com

Herbst-
farben

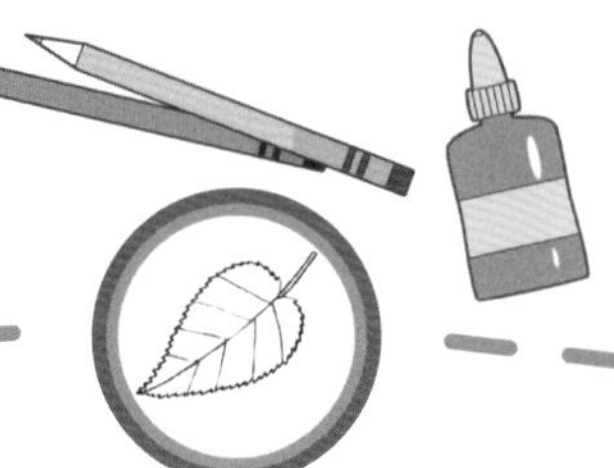

Der Igel im Herbst

© Verlag an der Ruhr | Autorin: Doreen Blumhagen | ISBN 978-3-8346-4086-4 | www.verlagruhr.de

Leckeres im Herbst

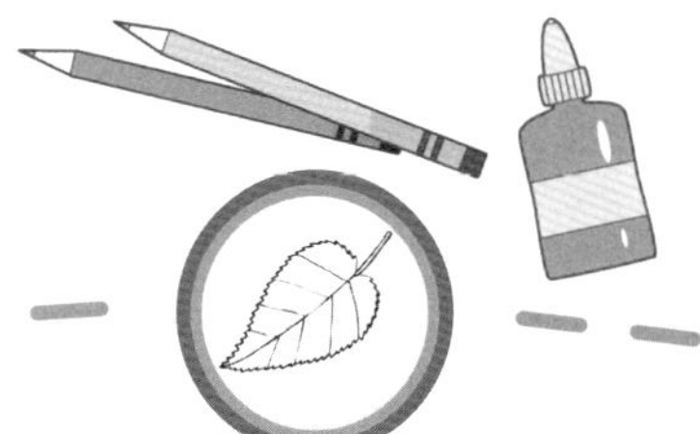

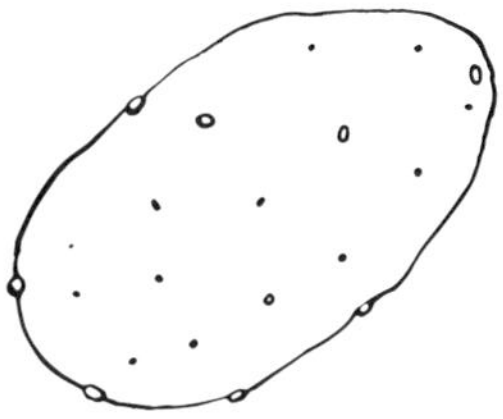

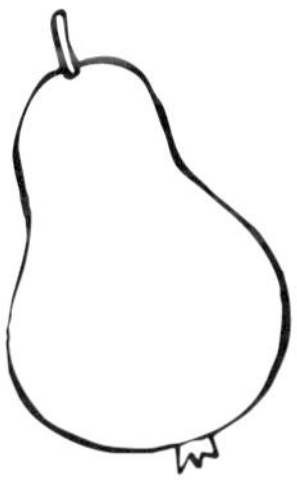

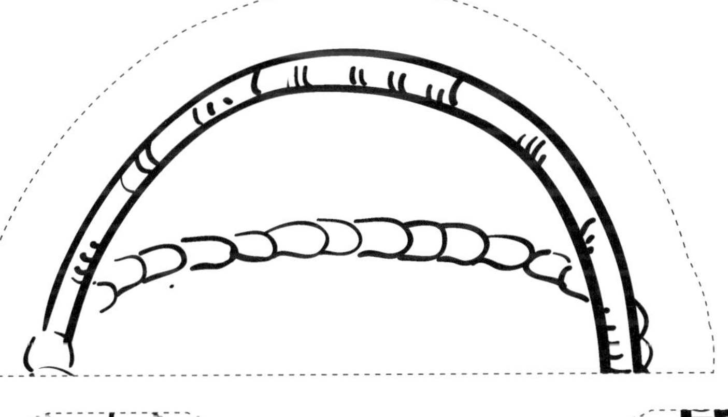

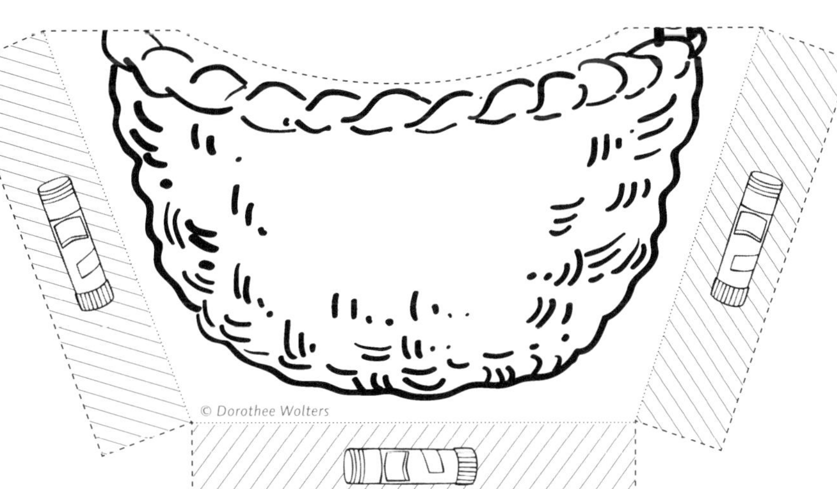

© Verlag an der Ruhr | Autorin: Doreen Blumhagen | ISBN 978-3-8346-4086-4 | www.verlagruhr.de

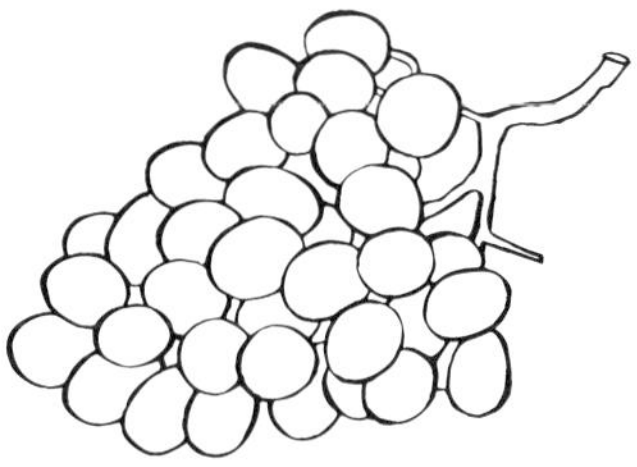

Herbstwetter

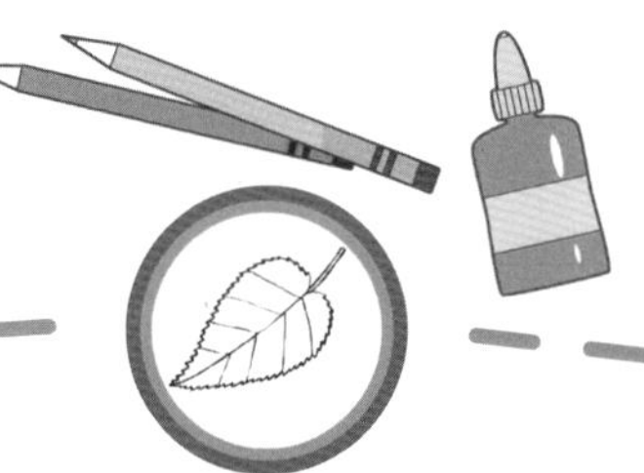

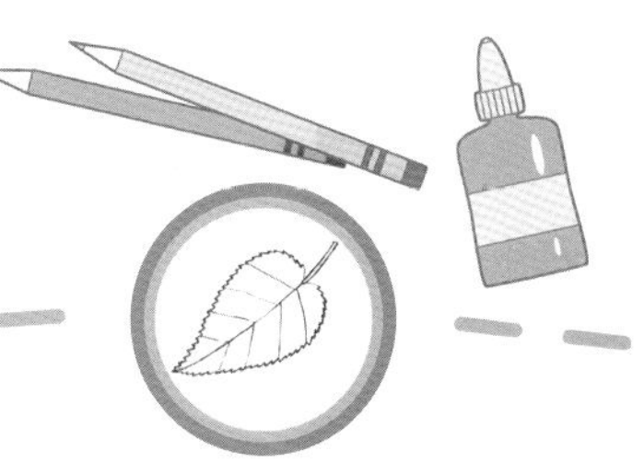

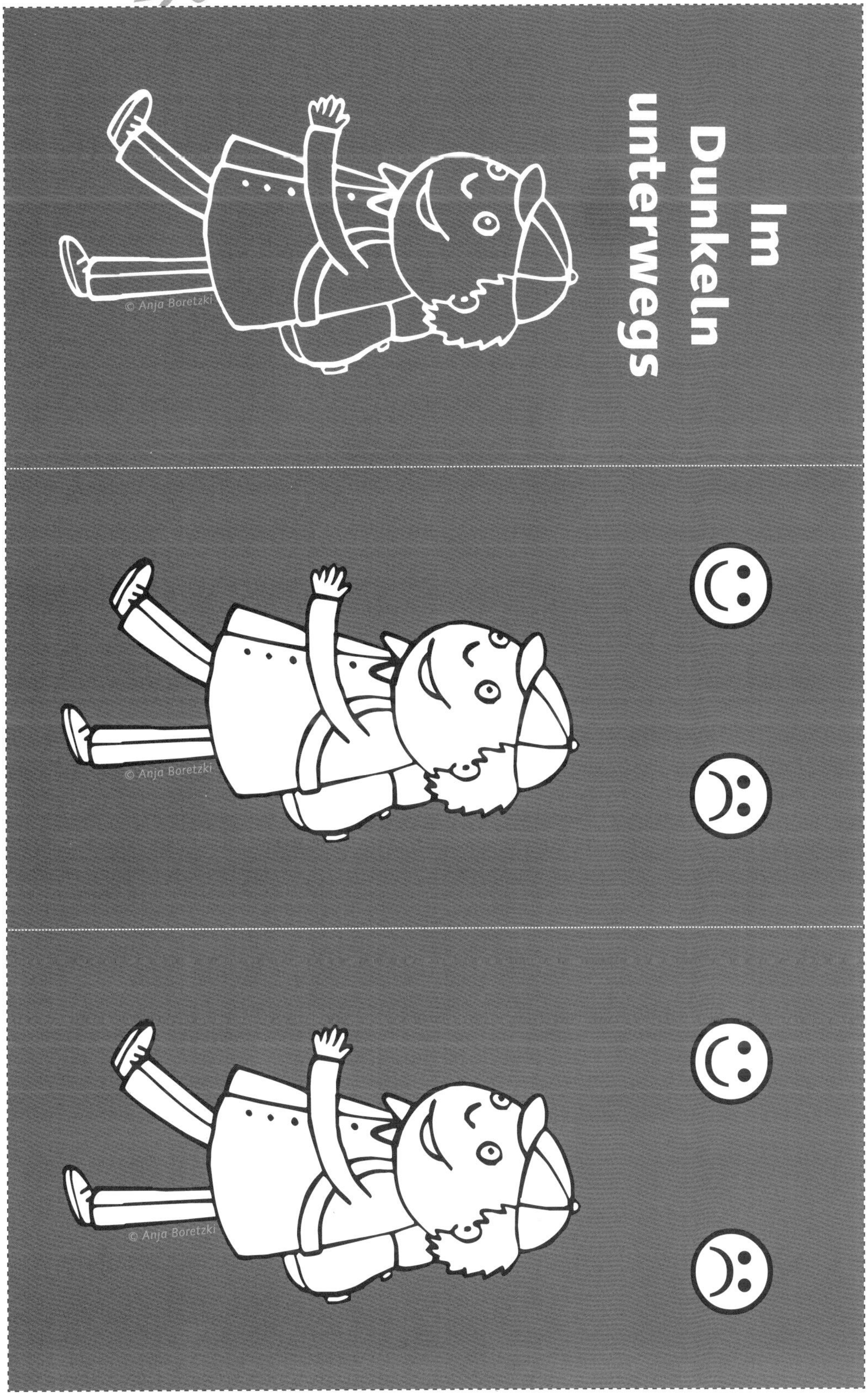

Im Dunkeln unterwegs

© Anja Boretzki

© Anja Boretzki

© Anja Boretzki

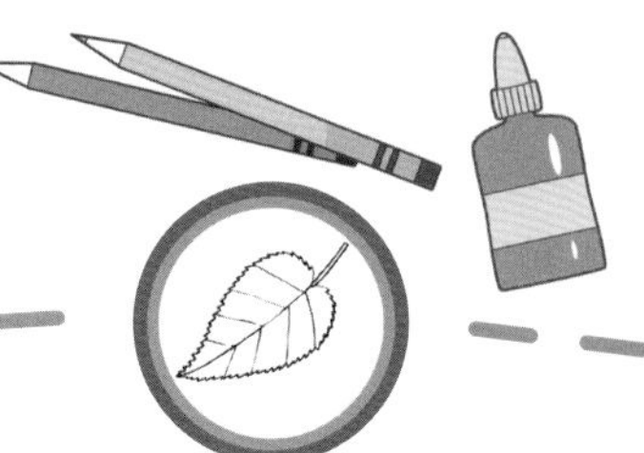

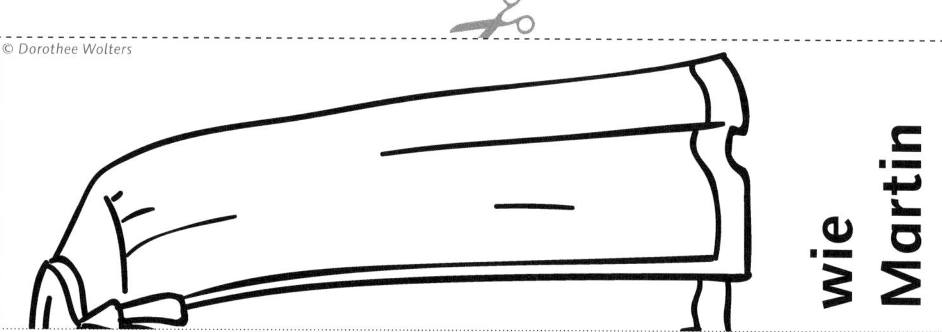

wie
Martin

Teilen
Sankt

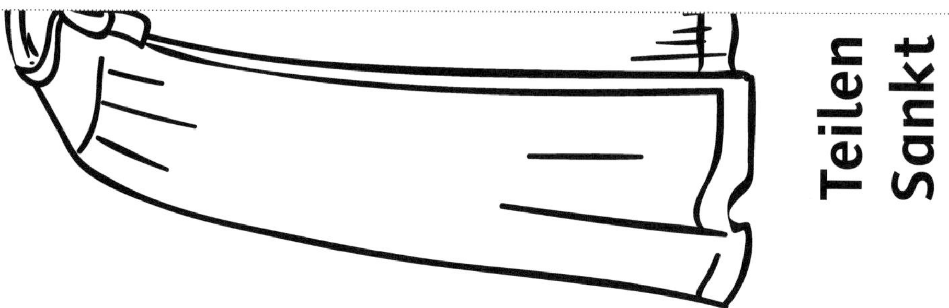

© Verlag an der Ruhr | Autorin: Doreen Blumhagen | ISBN 978-3-8346-4086-4 | www.verlagruhr.de

Am Vogelhäuschen

© Anja Boretzki

Tiere im Winter

Tiere im Winter

© Anja Boretzki

Winterstarre und Winterschlaf

© Anja Boretzki

Winterruhe

wach

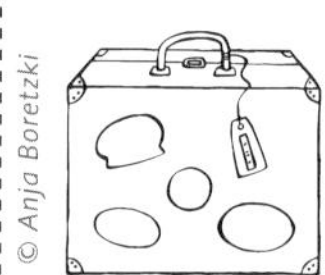

Zugvögel

Goldmarie
© Anja Boretzki
Pechmarie
© Anja Boretzki

Frau Holle
© Anja Boretzki

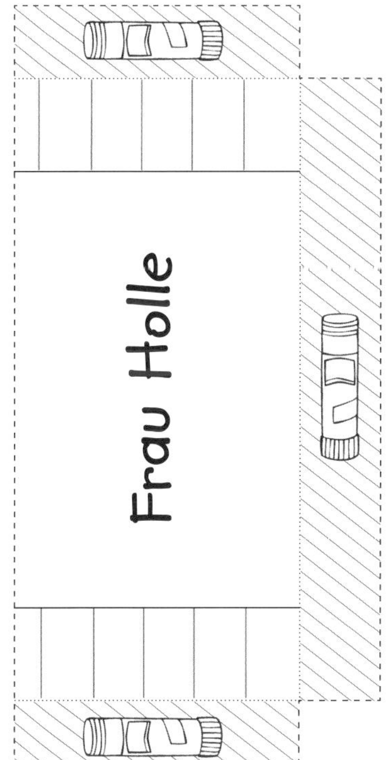
Frau Holle

Unter dem Weihnachtsbaum

Illustrationen: © Anja Boretzki

© Anja Boretzki

© Anja Boretzki

© Anja Boretzki

Spaß im Schnee

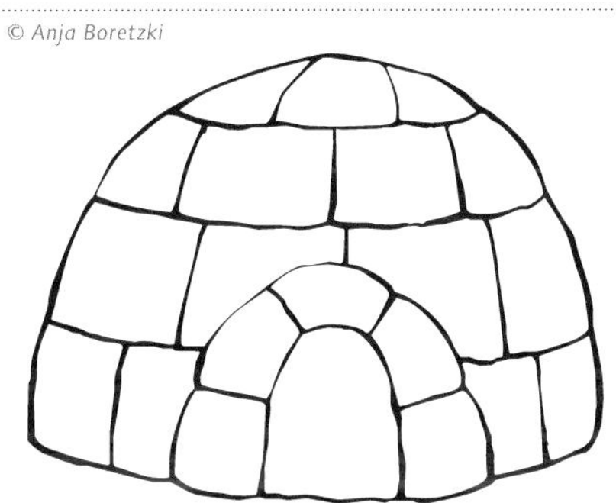
© Anja Boretzki

© Anja Boretzki

© Anja Boretzki

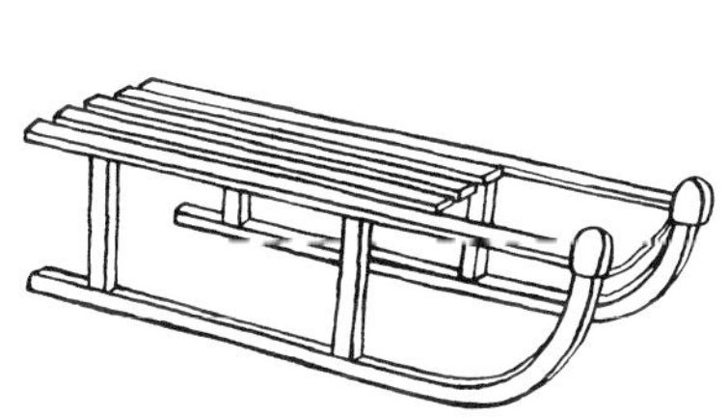
© Anja Boretzki

© Anja Boretzki

© Anja Boretzki

© Anja Boretzki

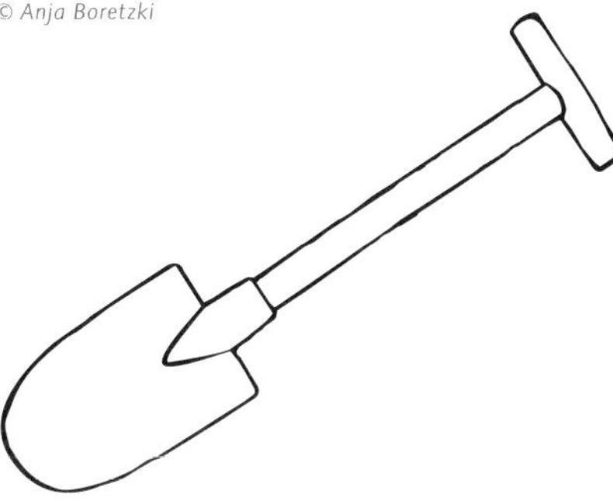
© Anja Boretzki

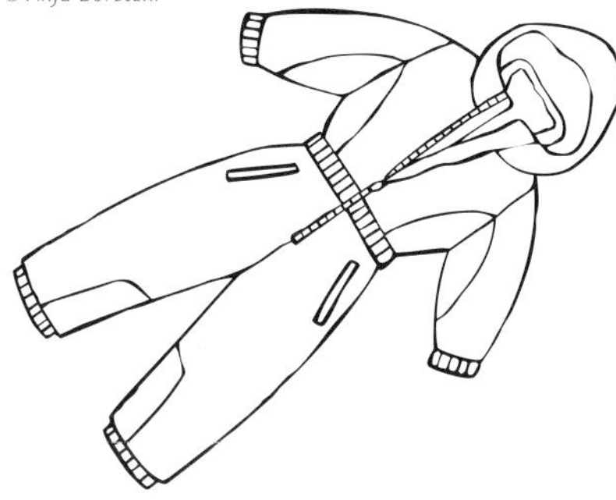
© Anja Boretzki

© Verlag an der Ruhr | Autorin: Doreen Blumhagen | ISBN 978-3-8346-4086-4 | www.verlagruhr.de

Kapitel-Icon: © Anja Boretzki
Rahmenelemente (Schere, Stifte und Kleber): © Ekaterina – Fotolia.com

Mein Faschingskostüm

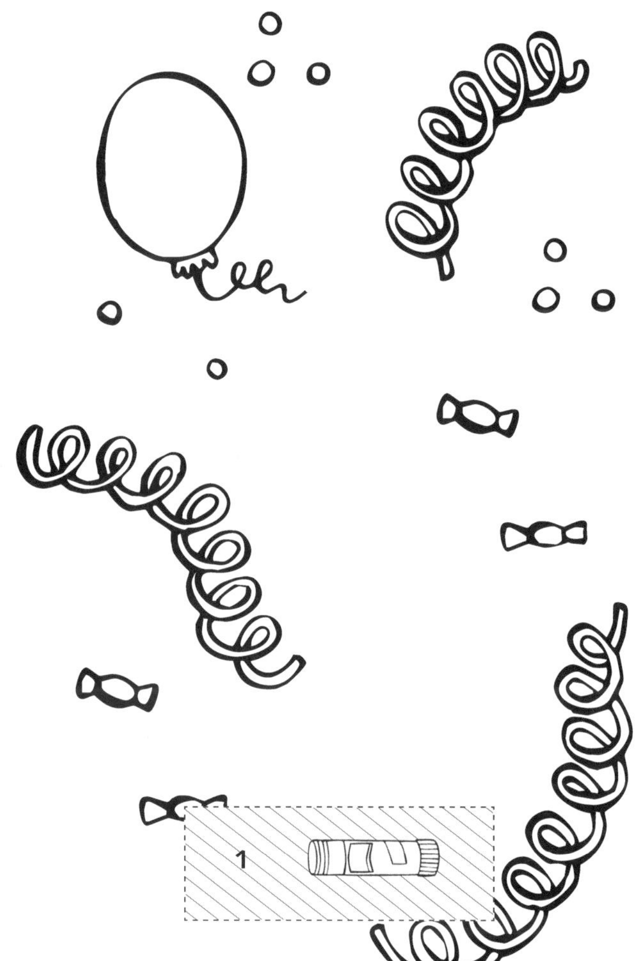

© Anja Boretzki

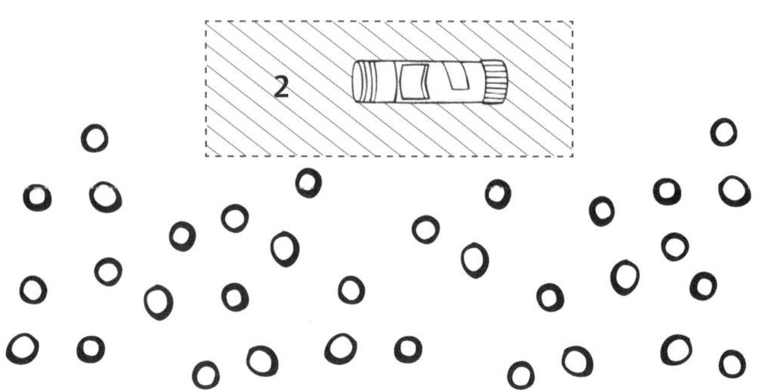

Halter:

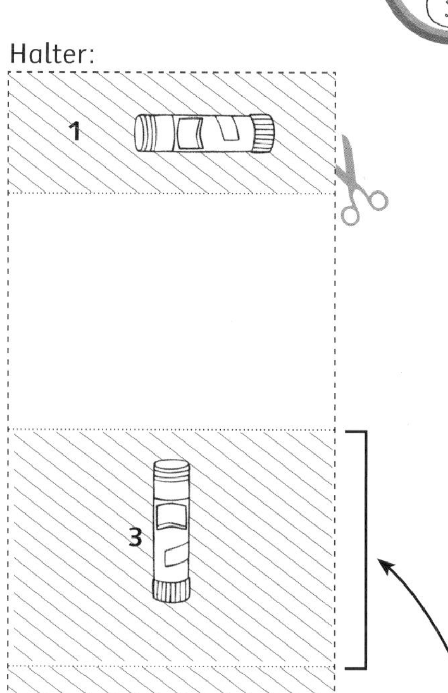

© Verlag an der Ruhr | Autorin: Doreen Blumhagen | ISBN 978-3-8346-4086-4 | www.verlagruhr.de